Henri J. M. Nouwen

Bilder göttlichen Lebens

Henri J. M. Nouwen

Bilder göttlichen Lebens

Ikonen schauen und beten

Herder

Freiburg · Basel · Wien

Titel der amerikanischen Originalausgabe:
Behold the Beauty of the Lord
Four Icon Meditations
© Ave Maria Press, Notre Dame, Indiana, 1986

Deutsche Übersetzung von
Dorothea Schütz

Für Barbara und Simone

Umschlagabbildung: Die Ikone des Erlösers
von Zvenigorod, Andrej Rublev, Anfang 15. Jahrh.

Vorwort

Im Herbst des Jahres 1983 kam ich zum ersten Mal nach Trosly bei Paris, um die „Arche" kennenzulernen, eine von dem Kanadier Jean Vanier gegründete Gemeinschaft, in der geistig Behinderte leben. Wenn Barbara Swanekamp, Jean Vaniers Mitarbeiterin, nicht Rublevs Ikone der Dreifaltigkeit auf den Tisch des Zimmers, in dem ich wohnte, gestellt hätte, wäre dieses Buch wahrscheinlich nie geschrieben worden. Nachdem ich diese Ikone so viele Wochen lang betrachtet hatte, drängte es mich, niederzuschreiben, was ich nach und nach sehen gelernt hatte.

Im nächsten Jahr, als ich wieder nach Trosly kam, um dort Exerzitien zu machen, hatte mir Barbara statt der Dreifaltigkeitsikone die Ikone der Gottesmutter von Vladimir hingestellt. Als die Exerzitien vorüber waren, begann ich wieder zu schreiben.

Während eines dritten Besuchs, ein Jahr später, war mein geistliches Leben schon so sehr mit der Schönheit der Ikonen verbunden, daß ich mich dazu hingezogen fühlte, über Rublevs Christus von

Zvenigorod und die Ikone der Herabkunft des Heiligen Geistes zu schreiben. In diesen Monaten brachte mir Simone Landrien viel Unterstützung und Ermutigung entgegen.

Die treue Freundschaft von Barbara und Simone war ein starker Ansporn beim Schreiben dieser Betrachtungen. In Dankbarkeit widme ich beiden dieses Buch.

Ein Dankeswort möchte ich Roberta Reeder und Charles Busch aussprechen, die mich an die wichtigste Literatur und an originalgetreue Reproduktionen herangeführt haben. Herzlich dankbar bin ich auch Elisabeth Ozolin und Robert Lentz dafür, daß sie das Manuskript lasen und kritische Anmerkungen machten, sowie meinen Freunden im Verlag Herder in Freiburg i. Br. für ihre großzügige Unterstützung bei der Vorbereitung der deutschen Ausgabe.

Am meisten möchte ich Peter Weiskel und Phil Zaeder für ihre überaus fachkundige Durchsicht des Textes danken und Margaret Studier und Connie Ellis für ihre entgegenkommende Mitarbeit als Sekretärinnen.

Schließlich möchte ich allen „danke" sagen, die meine Augen für die Ikonen als Tore zum Göttlichen geöffnet haben. Es sind die vielen Frauen und Männer in Ost und West, die durch das Beten mit Ikonen die Schönheit des Herrn sehen gelernt haben. Möge dieses Büchlein eine Ermutigung sein, sich mit ihnen in diesem Gebet zu vereinen.

Inhalt

I. Die Ikone
der Heiligen Dreifaltigkeit:
Leben im Haus der Liebe

II. Die Ikone
der Gottesmutter von Vladimir:
Zu Gott gehören

III. Die Ikone
des Erlösers von Zvenigorod:
Christus sehen

IV. Die Ikone der Herabkunft
des Heiligen Geistes:
Die Welt befreien

Einführung

Als mein Vater und meine Mutter jungverheiratet waren, kauften sie ein kleines Bild von Marc Chagall. Auf ihm ist eine einfache Vase mit Blumen zu sehen, die vor einem Fenster stehen. Meine Eltern kauften es, weil es ihnen gefiel, nicht weil Chagall ein berühmter Maler war. Er war damals noch ziemlich unbekannt, und das Bild kostete nicht viel. Aber sie liebten es alle beide und sprachen sehr bewegt davon. Heute, nach 53 Jahren, ist meine Mutter tot, und Chagalls Kunst ist weltberühmt geworden. Wenn ich an meine Mutter denke, sehe ich sie oft im Wohnzimmer bei uns zu Hause mit den Blumen von Chagall daneben. Ihre Schönheit hat sich innig verbunden mit der Schönheit der zarten Farben des Blumenstraußes. Mit den Augen meines Herzens schaue ich auf das Bild mit der gleichen Anteilnahme wie meine Eltern, und ich fühle mich getröstet und gestärkt.

Die Blumen von Chagall fielen mir ein, als ich darüber nachdachte, wie ich erklären sollte, warum die vier Ikonen in diesem Buch so wichtig für mich geworden sind. Sie haben sich wie das Bild von Chagall so tief in mein Inneres eingeprägt, daß ich sie jedesmal vor mir sehe, wenn ich Trost und Stärkung brauche. Es gibt oft Zeiten, wo ich nicht beten kann, wo ich zu müde bin, um die Evangelien zu lesen, zu unruhig, um fromme Gedanken zu haben, zu niedergeschlagen, um Worte zu Gott zu finden, oder zu erschöpft, um irgend etwas zu tun. Aber ich kann immer noch diese Bilder anschauen, die so innig verbunden sind mit der Erfahrung von Liebe.

Handeln, Sprechen und sogar Denken kann bisweilen zu anstrengend sein; aber immer sehen wir. Wenn wir träumen, sehen wir. Wenn wir vor uns hinstarren, sehen wir. Wenn wir die Augen schließen, um auszuruhen, sehen wir. Wir sehen Bäume, Häuser, Straßen, Autos, Berge und Seen, Tiere, Menschen, Orte, Gesichter, Formen und Farben. Wir sehen klar oder verschwommen, aber immer finden wir etwas zu sehen.

Aber was wollen wir eigentlich sehen? Es ist ein großer Unterschied, ob wir eine Blume oder eine Schlange sehen, ein freundliches Lächeln oder gebleckte Zähne, ein tanzendes Paar oder eine feindliche Menge. Wir müssen eine Wahl treffen. So wie wir verantwortlich sind für das, was wir essen, so sind wir verantwortlich für das, was wir sehen. Wir werden leicht ein Opfer der ungeheuren Ansammlung von visuellen Reizen rings um uns. Die „Mächte und Gewalten" steuern viele der Bilder, die wir täglich in uns aufnehmen. Plakate, Reklame, Fernsehen, Videokassetten, Kinos und Schaufenster stürmen unaufhörlich auf unsere Augen ein und prägen ihre Bilder in unser Gedächtnis ein.

Trotzdem dürfen wir nicht untätige Opfer einer Welt werden, die uns unterhalten und zerstreuen will. Gewisse Entscheidungen und Wahlen stehen uns frei. Ein geistliches Leben inmitten unserer kräfteaufreibenden Gesellschaft verlangt von uns, daß wir bewußt Schritte unternehmen, um den inneren Raum zu schützen, in dem wir unsere Augen auf die Schönheit des Herrn gerichtet halten können.

Als einen solchen Schritt biete ich diese Meditationen über vier russische Ikonen an. Indem ich mich lange Zeit mit diesen Ikonen betend näher beschäftigte, davon sprach, etwas über sie las, aber hauptsächlich sie einfach schweigend anschaute, habe ich sie allmählich auswendig gelernt. Jetzt sehe ich sie, mögen sie selbst dasein oder nicht. Ich habe sie auswendig gelernt wie das „Vaterunser" und das „Gegrüßet seist du, Maria", und ich bete mit ihnen, wo immer ich auch gehe.

Wenn du diese Meditationen liest, ist es wichtig, daß du die Ikonen konzentriert und ganz aufmerksam anschaust und mit ihnen betest. Schauen ist vielleicht das treffendste Wort, um das Wesen der östlichen Spiritualität zu kennzeichnen. Während der heilige Benedikt, der die Spiritualität des Westens geprägt hat, uns zuallererst zum Hören auffordert, konzentrieren sich die östlichen Väter auf die Schau. Dies wird besonders deutlich im liturgischen Leben der Ostkirche.

Die Worte in diesem Buch sind aus meinem eigenen Anschauen dieser Ikonen entstanden. Sie mögen dich berühren oder auch nicht. Wenn sie dir nur ein wenig dabei helfen, daß du anfängst, diese Ikonen selbst zu sehen, dann haben meine Worte ihren Zweck erfüllt und mögen vergessen werden. Dann sind diese Ikonen deine eigenen geworden und können dich führen bei Tag und bei Nacht, in guten und schlechten Zeiten, wenn du traurig und wenn du froh bist. Sie werden von der einmaligen Weise zu sprechen anfangen, die Gott sich ausgesucht hat, um dich zu lieben.

Warum Ikonen ? Wäre es nicht besser gewesen, Bilder zu verwenden, die leichter zugänglich sind, wie solche von Michelangelo, Rembrandt oder Marc Chagall? Die großen Schätze der westlichen Kunst mögen in der Tat anziehender sein, aber ich habe Ikonen ausgesucht, weil sie zu dem einzigen Zweck geschaffen sind, durch das Tor des Sichtbaren einen Zugang zum Geheimnis des Unsichtbaren zu eröffnen. Ikonen sind gemalt, um uns in den inneren Raum des Gebets zu leiten und uns ganz nah zum Herzen Gottes zu bringen.

Im Gegensatz zu der freizügigeren Kunst des Westens sind Ikonen nach jahrhundertealten Regeln gemalt. Ihre Formen und Farben hängen nicht lediglich von der Vorstellungskraft und dem Geschmack des Ikonenmalers ab, sondern wurden von Generation zu Generation weitergereicht in Gehorsam gegenüber ehrwürdigen Traditionen. Das erste Anliegen des Ikonenmalers ist nicht, sich selbst bekannt zu machen, sondern durch seine Kunst Gottes Königsherrschaft auszurufen. Ikonen sind dazu bestimmt, einen Platz in der Heiligen Liturgie einzunehmen, und sind deshalb in Übereinstimmung mit den Erfordernissen der Liturgie gemalt. Wie die Liturgie selbst, so versuchen uns auch die Ikonen einen Schimmer vom Himmel zu geben.

Dies erklärt, warum Ikonen nicht einfach zu „sehen" sind. Sie sprechen nicht unmittelbar zu unseren Sinnen. Sie erregen uns nicht, bannen uns nicht, wühlen uns nicht auf, regen nicht unsere Phantasie an. Zuerst sehen sie sogar ein bißchen starr, leblos, schematisch und langweilig aus. Sie enthüllen sich uns nicht auf den ersten Blick. Nur ganz allmählich, nach geduldiger, betender Vergegenwärtigung, fangen sie an, zu uns zu sprechen. Und wenn sie sprechen, dann mehr zu unseren inneren als zu unseren äußeren Sinnen. Sie sprechen zum Herzen, das Gott sucht.

Es hat lange gedauert, bis ich die Ikonen *sah*, die ich in diesem Buch zusammengebracht habe, und ich frage mich immer noch, wieviel ich wirklich gesehen habe. Es scheint, als ob es immer wieder etwas Neues zu sehen gäbe. Eine Ikone ist wie ein Fenster, das zur Ewigkeit hinausblickt. Hinter seiner zweidimensionalen Oberfläche liegt der Garten Gottes, der jenseits von Größe und Ausdehnung ist. Jedesmal, wenn ich mich diesen Bildern anvertraue, meine neugierigen Fragen nach ihrer Herkunft, Geschichte und ihrem künstlerischen Wert beiseite schiebe und sie in ihrer eigenen Sprache zu mir reden lasse, ziehen sie mich in engere Gemeinschaft mit dem Gott der Liebe hinein.

Die vier russischen Ikonen, die ich ausgesucht habe – die Ikone der Heiligen Dreifaltigkeit, die Ikone der Gottesmutter von Vladimir, die Ikone des Erlösers von Zvenigorod und die Ikone der Herabkunft des Heiligen Geistes –, bringen vier Gesichtspunkte des Geheimnisses unserer Erlösung zum Ausdruck: Die erste lädt uns ein, im Haus der Liebe zu wohnen; die zweite versichert uns, daß wir wirklich zu Gott gehören; die dritte zeigt uns das Antlitz des Herrn, und die vierte beauftragt uns, die Welt zu befreien. Zusammen bringen sie das christliche Verständnis unserer Herkunft und Bestimmung zum Ausdruck.

Wenn du diese Meditationen liest, halte die Ikonen ruhig vor dich; sie sind zu beidem gemalt: zur Verherrlichung Gottes und zu unserem Heil. Ich bete darum, daß sich diese vier Ikonen in dein Herz einprägen und dein Bewußtsein von Gottes wunderbarer liebender Gegenwart in deinem Leben stärken mögen. Mögen sie zuverlässige Führer auf deiner Reise werden und lebendige Quellen von Freude und Frieden, die bleiben.

Hinweis:
Abbildungen der vier russischen Ikonen befinden sich in diesem Band jeweils am Ende der betreffenden Meditation.

1. Die Ikone der Heiligen Dreifaltigkeit, *nach Seite 28.*
2. Die Ikone der Gottesmutter von Vladimir, *nach Seite 46.*
3. Die Ikone des Erlösers von Zvenigorod, *nach Seite 62.*
4. Die Ikone der Herabkunft des Hl. Geistes, *nach Seite 84.*

Es empfiehlt sich, zur Lektüre einer Meditation das entsprechende Faltblatt aufzuschlagen, damit das Bild auch beim Umblättern der Textseiten stets vor Augen bleibt.

I

Die Ikone der Heiligen Dreifaltigkeit: Leben im Haus der Liebe

Einführung

Wie können wir leben inmitten einer Welt, die gekennzeichnet ist von Angst, Haß und Gewalt, ohne von ihr zerstört zu werden? Wenn Jesus seinen Vater für seine Jünger bittet, antwortet er auf diese Frage, indem er sagt: „Ich bitte nicht, daß du sie aus der Welt nimmst, sondern daß du sie vor dem Bösen bewahrst. Sie sind nicht von der Welt, wie auch ich nicht von der Welt bin" (Joh 17, 15–16).

In der Welt leben, ohne zu ihr zu gehören, faßt das Wesentliche des geistlichen Lebens zusammen. Durch das geistliche Leben sind wir uns dessen bewußt, daß unser wahres Haus nicht das Haus der Angst ist, in dem die Mächte des Hasses und der Gewalt herrschen, sondern das Haus der Liebe, wo Gott wohnt.

Es gibt kaum einen Tag in unserem Leben ohne die Erfahrung innerer oder äußerer Ängste, Befürchtungen, Sorgen und Vorurteile. Diese dunklen Mächte haben jeden Teil unserer Welt in einem solchen Ausmaß durchdrungen, daß wir ihnen niemals völlig entrinnen können. Und doch ist es möglich, nicht zu diesen Mächten zu gehören, unsere Wohnung nicht bei ihnen zu bauen, sondern das Haus der Liebe als unser Heim zu wählen. Wir treffen diese Wahl nicht ein für allemal, sondern immerfort, indem wir ein geistliches Leben leben, allezeit beten und so Gottes Atem atmen. Durch das geistliche Leben verlassen wir allmählich das Haus der Angst und ziehen um in das Haus der Liebe.

Niemals habe ich das Haus der Liebe schöner dargestellt gesehen als in der Ikone der Heiligen Dreifaltigkeit, gemalt von Andrej Rublev* im Jahr 1425 zum Andenken an den großen russischen Heiligen Sergius (1313–1392). Für mich wurde die Betrachtung dieser Ikone immer mehr ein Weg, tiefer in das Geheimnis des göttlichen Lebens einzutreten und gleichzeitig ganz und gar engagiert zu bleiben in dem Ringen unserer haß- und angsterfüllten Welt[1].

1. Eine freundliche Einladung

Andrej Rublev malte diese Ikone nicht nur, um die Frucht seiner eigenen Betrachtung des Geheimnisses der Heiligen Dreifaltigkeit mitzuteilen, sondern auch, um seinen Mönchsbrüdern ein Mittel anzubieten, wie sie ihr Herz inmitten großer politischer

---

* Ausgesprochen: Rubljoff.

Unruhen ganz auf Gott gerichtet halten könnten. Je mehr wir dieses heilige Bild mit den Augen des Glaubens betrachten, desto mehr kommt uns zu Bewußtsein, daß es nicht gemalt ist als hübsche Dekoration für eine Klosterkirche, auch nicht als hilfreiche Erklärung eines schwierigen Lehrsatzes, sondern als ein heiliger Raum, in den man eintreten und in dem man bleiben kann. Wenn wir uns betend vor die Ikone stellen, spüren wir eine freundliche Einladung, uns am vertrauten Gespräch zu beteiligen, das zwischen den drei göttlichen Engeln stattfindet, und uns zu ihnen an den Tisch zu gesellen. Die Bewegung vom Vater zum Sohn und vom Sohn und Geist zum Vater wird eine Bewegung, in welche der Beter hineingehoben und dort sicher gehalten wird.

In einer schweren Zeit meines Lebens, in der das mündliche Gebet fast unmöglich geworden war und geistige und seelische Erschöpfung mich leicht ein Opfer von Gefühlen der Angst und Verzweiflung hatten werden lassen, wurde ein langes stilles Verweilen vor dieser Ikone der Anfang meiner Heilung. Während ich lange Stunden vor Rublevs Dreifaltigkeit saß, merkte ich, wie allmählich mein Schauen zum Gebet wurde. Dieses schweigende Gebet ließ nach und nach meine innere Unrast hinwegschmelzen und hob mich empor in den Kreis der Liebe, einen Kreis, der von den Mächten der Welt nicht durchbrochen werden konnte. Auch

21

wenn ich von der Ikone wegging und in die vielen
Pflichten des täglichen Lebens hineingezogen
wurde, kam es mir vor, als bräuchte ich den heiligen Ort, den ich gefunden hatte, nicht zu verlassen
und könnte dort wohnen bleiben, was auch immer
ich täte und wohin auch immer ich ginge. Ich
wußte, daß das Haus der Liebe, in das ich eingetre-
ten war, keine Grenzen hat und jeden umgibt, der
dort wohnen will.

Durch die Betrachtung dieser Ikone lernen wir,
mit unserem inneren Auge zu sehen, daß alle Betä-
tigung in dieser Welt nur dann Frucht bringen
kann, wenn sie sich in diesem göttlichen Kreis an-
siedelt. Die Worte des Psalms: „Auch der Sperling
findet ein Haus ... Selig, die in deinem Hause wohnen" (Ps 84, 4–5) bekamen neue Tiefe und ein
neues Gewicht. Sie wurden zu Worten, die mir
zeigten, daß es möglich ist, in der Welt zu sein,
ohne zu ihr zu gehören. Wir können verwickelt
sein in Kämpfe für Gerechtigkeit und in Aktionen
für den Frieden. Wir können mitten in der Unsi-
cherheit des privaten und öffentlichen Lebens stehen. Wir können studieren, lehren, schreiben oder
welche Arbeit auch immer verrichten. Wir können
all dies tun, ohne jemals das Haus der Liebe verlassen zu müssen. „Die vollkommene Liebe vertreibt
die Furcht", sagt Johannes in seinem ersten Brief
(1 Joh 4, 18). Rublevs Ikone läßt uns das Haus der
vollkommenen Liebe erahnen. Immer werden zahl-

reiche Ängste von allen Seiten uns überfallen, aber wenn wir in Gott zu Hause bleiben, können diese Ängste der Welt keine endgültige Macht über uns gewinnen. Jesus sagt es ganz eindeutig: „In der Welt seid ihr in Bedrängnis, aber habt Mut: Ich habe die Welt besiegt" (Joh 16,33).

2. Wo Herz zu Herzen spricht

Im Haus Gottes leben ist jedoch nicht nur ein Schutz vor einer Welt voller Ängste, sondern auch eine Offenbarung der verborgenen Schönheit Gottes. Rublevs Ikone läßt uns einen ersten ahnenden Blick auf diese unsagbare Schönheit tun.

Im Kreis der Heiligen Dreifaltigkeit steigt alles wahre Wissen ins Herz hinab. Die russischen Mystiker nennen das Gebet ein Hinabsteigen des Geistes in das Herz und dort ein Verweilen in der Gegenwart Gottes. Gebet findet statt, wo Herz zu Herzen spricht, das heißt, wo das Herz Gottes vereint ist mit dem Herzen des Beters. So wird Gotteserkenntnis zur Gottesliebe, so wie von Gott erkannt zu sein von ihm geliebt zu sein bedeutet.

Dieser heilige Kreis, das Haus der Liebe, das Geheimnis Gottes, wird uns von innen her enthüllt. Es ist das Geheimnis der drei Engel, die bei der Eiche von Mamre erschienen, das Mahl aßen, das

Abraham und Sarah ihnen so großzügig vorsetzten, und die unerwartete Geburt Isaaks ankündigten (Gen 18). Es ist das Geheimnis der Gastfreundschaft, das sich nicht nur in Abrahams und Sarahs Aufnahme der drei Engel ausdrückt, sondern auch in Gottes Aufnahme des betagten Ehepaares, indem er ihm die Freude über die Verheißung eines Erben schenkt.

Das Erscheinen der Engel ist das Vorbild der göttlichen Sendung, daß Gott uns seinen einzigen Sohn schickt, um ihn für unsere Sünden hinzugeben, und uns neues Leben durch den Geist verleiht. Der Baum von Mamre wird zum Baum des Lebens, das Haus Abrahams zur Wohnstätte des Gott-mit-uns und der Berg zur geistigen Höhe von Gebet und Betrachtung.

Das Kalb, das Abraham den Engeln vorsetzte, wird zum Opferlamm, von Gott erwählt vor der Erschaffung der Welt, zum Schlachten geführt nach Golgotha und für würdig befunden, die sieben Siegel des Buches zu lösen. Dieses Opferlamm ist die Mitte der Ikone. Die Hände von Vater, Sohn und Geist deuten seinen Sinn auf verschiedene Weise: Der Sohn in der Mitte weist mit zwei Fingern darauf und deutet so auf seinen Auftrag hin, Opferlamm zu werden, und zwar durch die Menschwerdung menschliches und göttliches Opferlamm zugleich. Der Vater zur Linken ermutigt den Sohn mit einem Segensgestus. Und der Geist, der den gleichen Herrscherstab hält wie Vater und Sohn, zeigt dadurch, daß er auf die viereckige Öffnung vor dem Altar deutet, an, daß dieses göttliche Opfer ein Opfer ist für die Erlösung der Welt.

So geleitet uns das Beten mit dieser Ikone in das Geheimnis der göttlichen Selbstoffenbarung. Es ist ein zeitloses Geheimnis, das aber in der Geschichte sichtbar geworden ist. Es ist ein göttliches und zugleich menschliches Geheimnis. Es ist ein freudenreiches, schmerzensreiches und glorreiches Geheimnis, das alle menschlichen Vorstellungen übersteigt und doch jede menschliche Situation in sich miteingeschlossen hat.

3. Kreis, Kreuz und Befreiung

Was sagt uns die Ikone über unsere Berufung? Gehören wir wirklich zu dieser Ikone, oder läßt sie uns in scheuer Distanz zur unermeßlichen Herrlichkeit Gottes? Wo die Geheimnisse des verborgenen Lebens der Heiligen Dreifaltigkeit sich vor uns entfaltet haben, werden unsere Augen mehr und mehr die kleine rechteckige Öffnung vor uns unter dem Kelch gewahr. Wir müssen all unsere Aufmerksamkeit auf diesen offenen Raum konzentrieren, denn dies ist die Stelle, auf die der Geist deutet und an der wir in den göttlichen Kreis miteingeschlossen werden. Wenn ich darüber nachdenke

25

und all das Wissen über Bilder, das ich mir erwerben konnte, in meine Überlegungen miteinbeziehe, komme ich zu dem Ergebnis, daß dieser rechteckige Raum von dem schmalen Weg spricht, der zum Haus Gottes führt. Es ist der Weg des Leidens. Die vier Ecken dieses Raumes bringen uns zu Bewußtsein, daß er die ganze geschaffene Welt repräsentiert mit allen Völkern im Norden und Süden, Osten und Westen. Seine Position im Altar bedeutet, daß am göttlichen Tisch nur für die Platz ist, die gewillt sind, am göttlichen Opfer beteiligt zu sein, indem sie ihr Leben hingeben als Zeugnis für die Liebe Gottes. Es ist der Platz, an den die Reliquien der Märtyrer hingestellt werden, der Platz für die Überreste derer, die alles, was sie besaßen, hingegeben haben, um ins Haus der Liebe zu gelangen.

So wird langsam ein Kreuz sichtbar: Der Längsbalken wird gebildet vom Baum, vom Sohn, vom Lamm und der Welt, der Querbalken vom Kopf des Vaters und des Geistes. Ja, es gibt wirklich keinen Kreis ohne Kreuz, kein ewiges Leben ohne Tod, kein himmlisches Königreich ohne Golgotha. Du kannst das Leben nicht gewinnen, ohne es zu verlieren. Kreis und Kreuz lassen sich nie trennen. Die ernste Schönheit der drei göttlichen Engel ist keine Schönheit ohne Leiden. Im Gegenteil, ihre schwermütige Schönheit – die Russen sagen, ihre „selige Betrübnis" – läßt an die Worte Jesu denken: „Könnt ihr den Kelch trinken?" Der Weg, den Jesus ging,

26

unterscheidet sich nicht vom Weg seiner Jünger: „Der Knecht ist nicht größer als sein Herr. Wenn sie mich verfolgt haben, werden sie auch euch verfolgen" (Joh 15,20).

Hier kommen wir zu der bitteren Erkenntnis, daß der Umzug vom Haus der Angst ins Haus der Liebe nicht unbedingt Liebe hervorrufen muß. „Wenn ihr von der Welt wäret, würde die Welt euch als ihr Eigentum lieben. Aber weil ihr nicht von der Welt seid ..., deshalb haßt euch die Welt" (Joh 15,19). Aber das ist der einzige Weg, denn es ist Gottes Weg, der Weg, den wir vertrauensvoll gehen können, weil er zu der Freude und dem Frieden führt, den die Welt nicht kennt. Es ist der Weg, den viele zu gehen gewählt haben; nicht nur Dietrich Bonhoeffer, Martin Luther King, Ita Ford, Jean Donovan und Oscar Romero, sondern auch Scharen namenloser Frauen, Männer und Kinder, die in den letzten Jahrzehnten als Zeugen für den Gott der Liebe starben. Aber sie alle bleiben gegenwärtig als Anfang der Hoffnung auf die neue Gemeinschaft, die mitten im verzweifelten Kampf um Befreiung sichtbar wird.

Schluß

Der heilige Sergius, zu dessen Ehre und Andenken Rublev die Dreifaltigkeitsikone malte, wollte ganz Rußland unter dem Namen Gottes zusammenführen, so daß seine Menschen den „vernichtenden Haß der Welt durch die Betrachtung der Heiligen Dreifaltigkeit" überwinden könnten.

Angst und Haß haben seit dem 14. Jahrhundert nicht weniger zerstörerisch gewirkt, und Rublevs Ikone hat nichts von ihrer Ausdruckskraft verloren, mit der sie uns in den Raum der Liebe ruft, wo Angst und Haß uns nicht mehr länger vernichten können. Je länger wir mit der Ikone beten und je tiefer unser Herz zu diesem geheimnisvollen Ort hingezogen wird, wo Kreis und Kreuz gleichermaßen gegenwärtig sind, desto besser können wir verstehen, wie es möglich ist, mit dem Kampf für Gerechtigkeit und Frieden betraut zu sein und gleichzeitig zu Hause zu bleiben in Gottes Liebe.

Als Jesus vorhersagt: „Die Menschen werden vor Angst vergehen in der Erwartung der Dinge, die über die Erde kommen" (Lk 21,26), sagt er zu seinen Jüngern: „Wachet und betet allezeit, damit ihr allem, was geschehen wird, entrinnen und mit Zuversicht vor dem Menschensohn stehen könnt" (vgl. Lk 21,36 und Hebr 4,16). Nachdem ich Rublevs Dreifaltigkeit lange betrachtet hatte, spra-

Durch das geistliche Leben verlassen wir allmählich das Haus der Angst und ziehen um in das Haus der Liebe.

Niemals habe ich das Haus der Liebe schöner dargestellt gesehen als in der Ikone der Heiligen Dreifaltigkeit, gemalt von Andrej Rublev im Jahr 1425 zum Andenken an den großen russischen Heiligen Sergius (1313–1392). Für mich wurde die Betrachtung dieser Ikone immer mehr ein Weg, tiefer in das Geheimnis des göttlichen Lebens einzutreten und gleichzeitig ganz und gar engagiert zu bleiben in dem Ringen unserer haß- und angsterfüllten Welt.

chen diese Worte zu mir mit neuer Kraft. „Allezeit
beten" wurde zu „wohnen im Hause Gottes alle
Tage unseres Lebens". „All dem, was geschieht, entrinnen" sagt mir, daß ich nicht länger ein Opfer
von Angst, Haß und Gewalt sein muß, die die Welt
beherrschen. „Mit Zuversicht vor dem Menschensohn stehen" bezieht sich nicht länger nur auf das
Ende der Zeiten, sondern eröffnet mir die Möglich-
keit, zuversichtlich, das heißt voll Vertrauen inmitten von Feindschaft und Gewalt zu leben.

Ich bete darum, daß Rublevs Ikone viele Menschen lehren möge, wie sie inmitten einer angst-
und haßerfüllten, gewalttätigen Welt leben können
und gleichzeitig immer mehr einziehen können in
das Haus der Liebe.

II

Die Ikone der Gottesmutter von Vladimir:
Zu Gott gehören

Einführung

„Zu wem gehören wir?" Das ist die Kernfrage des geistlichen Lebens. Gehören wir der Welt an mit ihren Sorgen, ihren Leuten und ihrer endlosen Kette von Unglücksfällen und Katastrophen, oder gehören wir zu Gott und seinem Volk? Diese Frage ist nicht schwer zu beantworten. Unsere Umwelt – die Menschen und die Ereignisse, über die wir sprechen, uns Sorgen machen, uns freuen und für die wir dankbar sind – das alles zeigt, zu wem wir wirklich gehören. Das Schlimme ist, daß die Umwelt der meisten von uns nicht viel mit der Umwelt Gottes zu tun hat.

Die Ikone der Gottesmutter von Vladimir wurde für mich nach und nach zu einer freundlichen, aber bestimmten Einladung, das bedrückende, entzweiende Milieu der Welt zu verlassen und in die befreiende und einende Umwelt Gottes einzutreten. Im Lauf der Jahre habe ich diese Ikone in so vielen Wohnungen, Pfarrhäusern und Klöstern gesehen, daß ich ihr kaum noch Aufmerksamkeit schenkte. Vertraut wie ein Kruzifix, hatte die Ikone das meiste ihrer verwandelnden Kraft für mich verloren.

Aber als man mir während einer langen stillen
Einkehrzeit eine große Reproduktion der Gottesmutter von Vladimir auf den Tisch stellte, fing ich
allmählich an, das verborgene Wesen der Ikone zu
entdecken. Während ich täglich zur Gottesmutter
betete, fühlte ich mich in ihre geheimnisvolle Zärtlichkeit hineingezogen, und allmählich lernte ich
ihre dringende Einladung, zu Gott zu gehören, auswendig.

Die Ikone, auch bekannt als „Unsere liebe Frau
der Zärtlichkeit", ist unter allen russischen Ikonen
eine der am meisten verehrten. Sie wurde von einem anonymen griechischen Künstler zu Beginn
des 12. Jahrhunderts gemalt. Um 1183 wurde sie
von Konstantinopel nach Kiew gebracht und etwa
zwanzig Jahre später von Kiew nach Vladimir, wo
sie bis 1395 blieb. Obwohl die Ikone dann die letzten sechs Jahrhunderte in Moskau war, wird sie immer noch „Gottesmutter von Vladimir" genannt.
Dieses kostbare nationale Heiligtum überstand auf
wunderbare Weise viele Feuersbrünste und Raub-
züge. Es wurde mehreren Restaurierungen unterzo-
gen, aber die Gesichter von Mutter und Kind sind
noch original die des byzantinischen Meisterwerks.

Die Betrachtung dieser Ikone wurde ein tiefes Erlebnis für mich. Es war die Erfahrung, durch die
Fürsprache der heiligen Gottesmutter in das verborgene Leben Gottes hineingehoben zu werden. Beim
Versuch, dieser Erfahrung Ausdruck zu verleihen,

werde ich den Bewegungen meiner Betrachtung folgen: der Bewegung der Augen der Gottesmutter zu ihren Händen, von ihren Händen zum Kind und vom Kind zurück zu ihren Augen. Diese Bewegungen zeigten mir die Antwort auf die Frage: Zu wem gehören wir?[2]

1. Die Augen der Gottesmutter

Als moderner, psychologisch geschulter Mensch suche ich immer zuerst Blickkontakt mit den Leuten, die ich treffe. Das gibt mir das Gefühl, angenommen oder zumindest ernst genommen zu sein. Aber als ich versuchte, mit der Gottesmutter von Vladimir in Blickkontakt zu kommen, mußte ich feststellen, daß dies unmöglich war. Es irritierte mich zuerst regelrecht. Ich wollte, daß sie mich anschaute, als einzigartiges Individuum beachtete und als persönlichen Freund kannte. Aber die Muttergottes sah mich nicht an. In scharfem Gegensatz zu den meisten Renaissancemadonnen, deren anheimelnder Blick uns in eine zwischenmenschliche Beziehung hineinzieht, begibt sich die Gottesmutter von Vladimir nicht in unsere vertraute Wirklichkeit, sondern lädt uns ein, mit ihr in Gottes ewiges Leben einzutreten. Ihre Augen blicken zugleich nach innen und nach außen. Sie blicken nach innen zum Herzen Gottes und nach außen

zum Herzen der Welt und zeigen so die nicht zu er-
gründende Einheit zwischen Schöpfer und Schöpfung. Sie sehen in der Zeit die Ewigkeit, im
Vorübergehenden das Bleibende, im Menschlichen
das Göttliche. Ihre Augen schauen hinauf zu den
unendlichen Räumen des Herzens, wo Freude und
Sorge nicht länger gegensätzliche Gefühle sind,
sondern über sich selbst zu einer geistlichen Einheit hinausgehoben sind.

Die Bedeutung des Blickes von Maria wird dazu
durch die hellen Sterne auf ihrer Stirn und ihren
Schultern verstärkt (zwei sind sichtbar, der dritte
wird vom Kind verdeckt). Sie weisen nicht nur auf
ihre Jungfräulichkeit vor, während und nach der
Geburt Jesu hin, sondern sprechen auch von einer
göttlichen Gegenwart, die jede Faser ihres Wesens
durchdringt. Sie ist ganz und gar offen für den Heiligen Geist, indem sie ihr Innerstes völlig auf die
schöpferische Macht Gottes ausgerichtet hat. So
schließen sich Mutterschaft und Jungfräulichkeit
nicht länger gegenseitig aus. Im Gegenteil, sie bringen sich zur Vollendung. Marias Muttersein vollendet ihre Jungfräulichkeit, und ihre Jungfräulichkeit
vollendet ihre Mutterschaft. Deshalb trägt sie im
Griechischen den höchsten Ehrentitel, den ein
Mensch jemals bekam: *Theotokos – Gottesgebäre-
rin.*

Wenn wir zur Gottesmutter von Vladimir beten,
erfahren wir, daß sie, obwohl sie nicht zu uns hin-

schaut, uns wirklich sieht. Sie sieht uns mit denselben Augen, mit denen sie Jesus sieht. Es sind die Augen, die ihren Herrn sahen, bevor sie ihn empfing, das Wort betrachteten, bevor es in ihr Fleisch wurde, und Gott in sich spürten, bevor sie die Botschaft des Engels vernahm. Mit solchen Augen sieht Maria das Kind. Ihr Blick ist nicht der einer Mutter, die stolz auf ihr außergewöhnliches Baby ist; vielmehr sieht sie es mit den glaubenden Augen der Mutter Gottes. Bevor sie ihn mit leiblichen Augen sah, schaute sie ihn mit den Augen des Glaubens. Deshalb preist die Heilige Liturgie Maria immerfort als diejenige, die Gott im Herzen empfing, noch bevor sie ihn in ihrem Leib empfing.

Wie Maria Jesus sieht, so sieht sie auch die, die zu ihr beten: nicht als interessante Leute, die ihre Aufmerksamkeit verdienen, sondern als Menschen, die von der Finsternis der Sünde in das Licht des Glaubens gerufen sind, die berufen sind zu Gottes Töchtern und Söhnen. Es ist schwer für uns, unsere weltliche Identität als beachtenswerte Leute aufzugeben und unsere geistliche Identität als Kinder Gottes anzunehmen. Wir wollen so gern beachtet werden, daß wir schlecht darauf vorbereitet sind, wenn jemand uns wirklich sieht. Aber die Augen der Gottesmutter laden uns ein, unsere alten Anhänglichkeiten abzulegen und die frohe Botschaft anzunehmen, daß wir wirklich zu Gott gehören.

2. Die Hände der Gottesmutter

Die Hände der Gottesmutter waren das Zweite an der Ikone, was für mich wichtig wurde. Es ist unmöglich, länger mit der Ikone zu beten, ohne zu ihren Händen hingezogen zu werden.

Eine Hand hält das Kind, die andere bleibt frei in einer offenen, einladenden Geste. Zuerst glaubte ich, die Gottesmutter würde mit ihrer freien Hand auf Jesus zeigen. Aber jetzt weiß ich, daß das Wort „zeigen" den wahren Sinn ihrer Geste verfehlt. Sie bittet nicht einfach um Aufmerksamkeit für ihren Sohn, noch bringt sie uns zu ihm hin. Das wäre zu äußerlich, zu vereinnahmend, zu kontrollierend. Allmählich habe ich die Geste der Gottesmutter als freundliche Einladung sehen gelernt, näher zu Jesus zu rücken und in diesem Näherrücken den Gott zu entdecken, zu dem wir gehören.

Obwohl es so scheint, daß die Gottesmutter den zentralen Platz einnimmt, macht betende Aufmerksamkeit deutlich, daß ihre Anwesenheit ausschließlich auf das Kind gerichtet ist. Maria ist die Mutter Jesu. Ihre ganze Existenz ist für Jesus da. Ihre Hand lehrt nicht, erklärt nicht, plädiert nicht, sondern bietet ganz einfach das Kind als Heiland der Welt für alle an, die bereit sind, Jesus mit den Augen des Glaubens zu sehen.

Die Hand Marias, die das Zentrum der Ikone einnimmt, ist unbeschreiblich schön. In ihrer zentralen Stellung faßt sie die ganze Ikone zusammen. Sie läßt das ganze heilige Bild zum Ausdruck des Liedes Marias werden: „Meine Seele preist die Größe des Herrn, und mein Geist jubelt über Gott, meinen Retter" (Lk 1, 46–47) und faßt alles in eine Einladung zur Anbetung. Sie sagt: „Lobe Jesus, danke Jesus, verherrliche Jesus, bitte Jesus, bring deine Anliegen zu Jesus, und bete immer, immer zu Jesus!" Aber all das sagt sie so, wie eine Mutter zu ihren Kindern spricht: sie zwingt sie nicht, sondern schafft ihnen einen Raum, wo sie in sich selbst das Verlangen nach dieser immerwährenden Anbetung finden können.

Die Augen der Gottesmutter sind keine neugierigen, keine forschenden, nicht einmal verstehende Augen, sondern Augen, die uns unser wahres Selbst enthüllen. So sind auch ihre Hände nicht an sich reißend, fordernd oder hinbringend, sondern sie eröffnen uns einen Raum, wo wir uns Jesus ohne Angst nähern können.

Wenn wir vor der Ikone beten, gewinnt die weisende Hand Marias immer mehr an Bedeutung. In einem fort führt die Gottesmutter uns näher zu Jesus, als ob sie sagen wollte: „Ich bin nur hier, um euch zu Jesus zu geleiten." Maria will, daß wir unsere Ängste aufgeben und, wie sie selbst, glauben, „daß sich erfüllt, was der Herr verheißen hat" (Lk 1, 45). Wenn wir unsere Aufmerksamkeit von ihren Augen zu ihren Händen hinwenden, erkennen

39

wir allmählich ihre große Geduld. Das Wort Geduld kommt von dulden, das mit leiden verwandt ist. So wie der Leib des auferstandenen Herrn weiterhin die Wundmale seines Leidens trägt, so ist auch die Muttergottes in der Herrlichkeit eine Frau, deren Herz von Kummer durchdrungen war. Sie weiß, was es heißt, arm zu sein, unterdrückt zu sein, ein Flüchtling zu sein, verunsichert und im Ungewissen zu sein, was die Zukunft angeht, in Distanz gehalten zu werden, unter dem Kreuz zu stehen und Gedanken und Gefühle zu haben, die niemandem mitteilbar sind. Dieses Leid ist im Blick ihrer Augen und in der Geste ihrer Hände geblieben, nicht als Schmerz, der uns Angst einjagt, sondern als verklärter Ausdruck dessen, was sie erduldet hat.

Deshalb ist sie Mutter nicht nur für ihren gekreuzigten Sohn, sondern für alle Frauen und Männer, die in dieser Welt leiden müssen. Sie lädt uns Menschen, die wir mit Leid beladen sind, ein, zu Jesus zu kommen. Sie stößt uns nicht mit einer ungeduldigen Handbewegung zu ihm hin, sondern lädt uns einfach ein als jemand, der unsere Ängste und Bedenken, unseren Argwohn, unsere Zweifel und unsere Verunsicherung ganz genau kennt. Sie ist die geduldige Mutter, die auf den richtigen Augenblick wartet, um unser „Ja" entgegenzunehmen. Ihre Geduld ist groß, beharrlich und unerschütterlich. Ihre Hand ist immer bei der Mitte des Geheimnisses der Menschwerdung und lädt uns ein, zu Jesus zu gehen, der der Weg ist zu dem Haus Gottes, wo wir wirklich hingehören.

3. Das Kind der Gottesmutter

Schließlich sehen wir das Kind. Die Augen und Hände der Gottesmutter erhalten ihre große Bedeutung durch das Kind. Es mag zuerst scheinen, als wäre das Kind nebensächlich, doch im betenden Schauen auf die Ikone wird deutlich, daß das Kind allem, was es umgibt, seinen Sinn gibt. Es ist eine bewegende Erfahrung, wenn das Kind, das anfangs von Maria verdeckt wird, plötzlich hervortritt – nicht nur als Herr seiner eigenen Mutter, sondern als Herr aller Menschen und Dinge. Ich bin immer noch verblüfft, wie das Kind mit seinem leuchtenden Gesicht und seinem goldenen Mantel so lange in den geschwungenen Linien der Gottesmutter „verborgen" bleiben konnte. Jetzt kann ich die Ikone kaum noch betrachten, ohne das Kind als den Älteren, Weiseren, Stärkeren zu sehen. Jetzt ist die Mutter zu derjenigen geworden, die den Heiligen bei uns einführt und selbst in ehrfurchtsvoller Entfernung stehen bleibt.

Man kann leicht sehen, daß das Kind nicht ein kleines Kind ist. Es ist ein weiser Mann in Erwachsenenkleidern. Darüber hinaus weisen sein leuch-

41

tendes Gesicht und seine goldene Tunika darauf
hin, daß dieser weise Mann in Wahrheit das Wort
Gottes voller Glanz und Majestät ist. Er ist das
fleischgewordene Wort, der Herr aller Zeiten, der
Ursprung aller Weisheit, das Alpha und das Omega
der Schöpfung, die Herrlichkeit Gottes. Alles ist
Licht am Kind und um das Kind. In ihm gibt es
keine Finsternis. Er ist, mit den Worten des Konzils
von Nizäa, „Gott von Gott, Licht von Licht, wahrer
Gott vom wahren Gott".

Das Kind der Gottesmutter von Vladimir zu betrachten ist, wie wenn man ein Licht entdeckt, das
immer schon da war, aber das man wegen anfängli-
cher Blindheit nicht sehen konnte. Betrachte das
Gesicht des Kindes! Ein wunderbares Licht fällt von
der rechten Seite der Ikone ein, welches die Nase
der Gottesmutter sanft berührt und das Gesicht des
Kindes erleuchtet. Aber auch von innen kommt
Licht. Es ist eine innere Glut, die nach außen
strahlt und die Innigkeit zwischen Mutter und
Kind, die schon durch die zärtliche Umarmung ausgedrückt ist, noch vertieft. Dieses Licht erleuchtet
und gibt Wärme. Es ist kein plötzlicher, störender
Blitz, sondern das allmähliche Aufscheinen einer
zärtlichen, leuchtenden Innigkeit. Diese Licht
schenkende Innigkeit hat diese Ikone nicht nur zu
einem Meisterwerk der Kunstgeschichte gemacht,
sondern – was wichtiger ist – sie hat zahllose Menschen in betende Gemeinschaft mit dem Herrn ge-

führt. Gläubige Menschen aus der ganzen Welt
sind neun Jahrhunderte lang zu diesem heiligen
Bild gekommen, um von seiner lebenspendenden
Zärtlichkeit getröstet und gestärkt zu werden.

Doch da ist noch viel mehr! Das göttliche Kind
gibt sich ganz seiner Mutter hin. Sein Ärmchen
umfaßt sie in liebevoller Umarmung, seine Augen
sind ganz aufmerksam auf die ihrigen gerichtet,
und sein Mund ist dicht an ihrem und teilt ihr seinen göttlichen Atem mit. Wie nahe kommt diese
Schau von Gottes totaler, uneingeschränkter Fürsorge für die Menschheit dem Geheimnis der Inkar-
nation! Dieses heilige Bild gibt das Gebet wieder,
das Jesus für seine Jünger an seinen Vater richtete:
„Die Worte, die du mir gegeben hast, gab ich ihnen,
und sie haben sie angenommen" (Joh 17, 8).

Jesus schenkt seine ganze göttliche Weisheit der
Mutter der Menschen. Alles, was er bekommen
hat, schenkt er weiter; alles, was er gesehen hat, offenbart er; alles, was er gehört hat, spricht er aus; alles, was er ist, teilt er mit. Das Bild ist auch wie ein
Widerhall der Verheißung Jesu: „Wenn ihr mich
um etwas in meinem Namen bittet, werde ich es
tun" (Joh 14, 14).

Dazu gibt Jesus nicht nur alles, er empfängt auch
alles. Er sagt nicht nur alles, was er gehört hat, er
hört auch alles, was ihm gesagt wird. Er offenbart
nicht nur alles, was er gesehen hat, sondern erleuchtet auch alles, was ihm gezeigt wird. Nichts,

was von seiner Mutter zu ihm kommt, entgeht seiner göttlichen Aufmerksamkeit. Alles, was sie ihm zeigt, wird aufgenommen, gehört und verstanden. Deshalb ist Maria die Fürsprecherin der Menschen, die Mutter, die für ihre Kinder eintritt, was für Nöte auch immer sie haben mögen.

Die zärtliche Umarmung zwischen dieser Mutter und ihrem Kind hat nichts mit Sentimentalität zu tun. Sie ist Ausdruck des geheimnisvollen Austausches zwischen Gott und den Menschen und wurde ermöglicht durch die Fleischwerdung des Wortes.

Das Tiefe und Bleibende dieses wechselseitigen Austausches wird sichtbar im breiten Nacken des Kindes, der deshalb so übergroß gemalt wurde, weil er den Heiligen Geist darstellt. Geist meint „Atem". Der Heilige Geist ist der Atem Gottes. Es ist derselbe göttliche Atem, den Jesus der Menschheit schenkt: „Wenn der Beistand kommt, den ich euch vom Vater senden werde, der Geist der Wahrheit, der vom Vater ausgeht, wird er Zeugnis für mich ablegen" (Joh 15,26). Jesus schenkt den Menschen nicht nur sein Licht, sondern auch seinen Atem und sein innerstes Leben, so daß wir ihm wirklich als seine Brüder und Schwestern zugehören können und seinem himmlischen Vater als Söhne und Töchter.

Die Augen der Gottesmutter lenken unsere Aufmerksamkeit auf ihre Hände, die Hände auf das Kind, und das Kind führt uns zurück zu ihr, die im Namen der ganzen Menschheit zu ihrem Sohn spricht.

Schluß

Ich habe deutlich zu machen versucht: Durch betende Aufmerksamkeit erkennen wir, daß das Kind
derjenige ist, zu dem zu gehen wir aufgerufen werden, und daß das Kind uns – vertreten durch seine
Mutter – das Geschenk seines eigenen Atems
macht, welcher das geistliche Leben ist.

Aber was ist mit dem Vater, der den Sohn sendet
und dessen Liebe zum Sohn der Heilige Geist ist?
Der Vater fehlt nicht! Im Gegenteil, er ist ganz an-
wesend, tatsächlich allgegenwärtig. Wir werden
seine Anwesenheit wohl kaum wahrnehmen, wenn
wir es nicht wagen, das Bild als Ganzes zu sehen.
Betrachten wir es aus der Entfernung, sehen wir,
daß Mutter und Kind in der Form eines Dreieckes
gemalt sind, welches in einen rechteckigen Rahmen hineingestellt ist. Der rechteckige Rahmen
stellt die Welt dar, die von Gott geliebt ist, aber von
der Sünde und den Mächten des Bösen gefangenge-
halten wird. Das Dreieck, in dem das Geheimnis
der Menschwerdung deutlich gemacht wird, zeigt
die erlösende Gegenwart des dreieinigen Gottes:
Vater, Sohn und Heiliger Geist. Obwohl man den
Vater nicht direkt sehen kann, läßt doch die geo-
metrische Form der Ikone den Vater als den göttlichen Maler unserer Erlösung erkennen.

So ist die Gottesmutter von Vladimir der bildli-

che Ausdruck der Worte Jesu zu Nikodemus: „So
sehr hat Gott die Welt geliebt, daß er seinen einzigen Sohn hingab, damit jeder, der an ihn glaubt,
nicht zugrunde geht, sondern das ewige Leben hat"
(Joh 3, 16). Was ist das ewige Leben anderes als in
das Haus Gottes hineingehoben zu sein und zum
Teilnehmer an der innigen Gemeinschaft zwischen
Vater, Sohn und Geist gemacht worden zu sein?
Das meint „zu Gott gehören" in vollen Sinne. Zu
dieser Zugehörigkeit lädt uns die Gottesmutter von
Vladimir ein.

Die Ikone der Gottesmutter von Vladimir, auch bekannt als „Unsere liebe Frau der Zärtlichkeit", ist unter allen russischen Ikonen eine der am meisten verehrten. Sie wurde von einem anonymen griechischen Künstler zu Beginn des 12. Jahrhunderts gemalt. Um 1183 wurde sie von Konstantinopel nach Kiew gebracht und etwa zwanzig Jahre später von Kiew nach Vladimir, wo sie bis 1395 blieb.

Diese Ikone wurde für mich nach und nach zu einer freundlichen, aber bestimmten Einladung, das bedrückende und entzweiende Milieu der Welt zu verlassen und in die befreiende und einende Umwelt Gottes einzutreten.

III

Die Ikone des Erlösers von Zvenigorod: Christus sehen

Einführung

Christus sehen heißt Gott und alle Menschen sehen. Dieses Geheimnis hat in mir ein brennendes
Verlangen wachgerufen, das Antlitz Jesu zu sehen:
Unzählige Bilder wurden im Lauf der Jahrhunderte
geschaffen, um das Antlitz Jesu darzustellen. Manche haben mir geholfen, es zu sehen; andere nicht.
Doch als ich Andrej Rublevs Christusikone sah,
sah ich, was ich nie zuvor gesehen, und empfand
ich, was ich nie zuvor empfunden hatte. Ich wußte
im gleichen Moment, daß meine Augen auf ganz
besondere Weise gesegnet worden waren.

Andrej Rublev malte seine Christusikone zu Beginn des 15. Jahrhunderts als Teil eines Ikonostas,
den er für eine Kirche in der russischen Stadt Zvenigorod anfertigte. Aus diesem Grund wird die
Ikone oft der „Erlöser von Zvenigorod" genannt.
Vom ursprünglichen Ikonostas sind nur drei Tafeln
übriggeblieben: die Tafel mit dem Erzengel Michael, die Tafel mit dem Apostel Paulus und die Tafel, auf der Christus der Erlöser dargestellt ist.
Dieses letzte Bild hat mich tiefer als irgendein anderes Kunstwerk dazu gebracht, Christus zu sehen.

Deshalb drängte es mich lange, über diese Ikone zu schreiben.

Den Christus von Rublev zu sehen ist ein Geschehen, das sich in einem langen Zeitraum ereignet und wachsende betende Aufmerksamkeit erfordert. Noch nach Monaten, in denen ich den Erlöser von Zvenigorod anschaute, kann ich nicht behaupten, ihn voll und ganz gesehen zu haben. Es scheint, als öffne sich die Ikone mir um so mehr, je länger ich sie betrachte, und enthülle mir immer wieder etwas Neues. In ihr habe ich ein beschädigtes Gesicht gesehen, ein unendlich sanftes menschliches Gesicht und Augen, die sowohl das Herz Gottes als auch das Herz jedes Menschen durchdringen. Ich möchte versuchen, diese verschiedenen Sehweisen zu beschreiben, wobei ich mir bewußt bin, daß ich in der Gegenwart dieses heiligen Antlitzes immer noch blind bin[3].

1. Ein beschädigtes Bild sehen

Mein erster Eindruck von Rublevs Ikone des Erlösers war der, daß sie schwer beschädigt ist. Das Gesicht Christi ist das einzige Gesicht, das auf der Tafel in der Mitte des Ikonostas übriggeblieben ist; ursprünglich waren auf ihm auch noch die Gesichter von Maria und Johannes dem Täufer abgebildet. Bevor ich die Schönheit des Antlitzes des Erlösers

und seiner durchdringenden Augen deutlich sehen
konnte, beschäftigte mich die Tatsache, daß sogar
das Gesicht selbst beschädigt ist: Ein großer Teil des
Haares und kleine Partien der Stirn sind nicht mehr
zu sehen, und die Farbe an Kinn, Hals und Brust hat
Risse. Dunkle Streifen ziehen sich von der Unter-
lippe zur roten Tunika hin, und der Mantel, der die
Schultern und die Tunika bedeckt, ist an mehreren
Stellen beschädigt. Der linke untere Teil der Ikone
hat ganz und gar die Farben verloren.

Als ich die Ikone zum ersten Mal sah, hatte ich
das Gefühl, daß das Gesicht Christi inmitten eines
großen Chaos hervortritt. Ein trauriges, aber trotzdem sehr schönes Gesicht schaut uns an aus den
Trümmern unserer Welt. Vielleicht war das der
Grund, warum mich dieses Gesicht so lange verfolgt hat. Bringt es eine Klage, einen Tadel oder einfach nur die Frage zum Ausdruck: „Was habt ihr
gemacht mit dem Werk meiner Hände?"

Diese großenteils zerstörte Ikone wurde 1918 in
einer Scheune neben der Maria-Himmelfahrts-Kathedrale in Zvenigorod gefunden. Zusammen mit
ihr entdeckte man die Ikonen des Erzengels Michael und des heiligen Paulus. Der russische Kunsthistoriker und Maler Vladimir Desyatnikov berich-
tet uns davon:

„Sie wurde ganz zufällig von dem Restaurator
Vasili Kirikov gefunden. Als er gerade eine der Stu-
fen, die in die Scheune führten, überschritt, stockte

ihm vor Erstaunen über das, was er sah, der Atem.
Da starrte ihn ein Gesicht an: das Gesicht des Erlösers, gemalt von Andrej Rublev ... Bis zum heuti-
gen Tag wird *Der Erlöser,* der in Zvenigorod
gefunden wurde, in der russischen Kunst ‚Der Frie-
densbringer‘ genannt. Es läßt sich schwerlich ein
passenderer Beiname finden – fast sechs Jahrhunderte lang hatte der Erlöser mit russischem Gesicht
und gütigen, verständnisvollen Augen, die tiefe
Fürsorge zum Ausdruck bringen, ganze Generatio-
nen angeblickt."[4]

Wenn ich die große Holztafel anschaue, auf der
nur noch das Gesicht Christi übriggeblieben ist,
kann ich mir gut vorstellen, wie tief erschüttert Vasili Kirikow gewesen sein mußte, als er zum ersten
Mal das Gesicht Christi sah, wie es ihn in der
Scheune anstarrte. Für mich zeigt dieses heilige
Antlitz die Tiefe des unermeßlich großen Erbarmens Gottes inmitten unserer immer gewalttätiger
werdenden Welt. Lange Jahrhunderte von Krieg
und Zerstörung hat das Antlitz des fleischgewordenen Wortes von Gottes Gnade gesprochen, uns an
das Bildnis erinnert, nach dem wir geschaffen wurden, und uns zur Umkehr gerufen. Es ist wirklich
das Bild des Friedensbringers.

Die Geschichte dieser Ikone, eine Geschichte des
Verlierens und Wiederfindens, enthält zugleich
eine Warnung und eine Beruhigung. Christus
warnt uns vor unserer eigenen Zerstörungswut und

macht gleichzeitig deutlich, daß Gottes Liebe stärker ist, viel stärker als unser Hang zur Zerstörung dessen, was so wunderbar geschaffen wurde. Es scheint einen Tadel auszudrücken: „Wenn du doch erkannt hättest ..., was dir zum Frieden dient" (Lk 19,42); aber auch eine Einladung: „Kommt alle zu mir, die ihr mühselig und beladen seid: ich will euch erquicken. Nehmt mein Joch auf euch und lernt von mir, denn ich bin sanftmütig und demütig von Herzen" (Mt 11,28–29).

2. Ein unendlich sanftes Menschenantlitz sehen

Als ich mit Rublevs Christus vertrauter wurde, begann das Bild des Erlösers wichtiger zu werden als seine zerstörte Umgebung. Was zerstört war, beschäftigte mich allmählich weniger als das, was zu sehen war: die wunderbare Gestalt Jesu, gemalt in einer sanften, aber doch strengen Schönheit, so wie ich sie nirgendwo anders auf Erden gesehen hatte.

Besonders bemerkenswert bei dieser Christusikone ist, daß der Maler eine leichte Bewegung dargestellt hat. Schultern und Brust sind in Dreiviertelansicht gemalt, Gesicht, Augen, Nase und Lippen dagegen blicken uns voll an. Auf diese Weise sehen wir Jesus, wie er sich zu uns hinwendet. Je länger wir vor der Ikone beten, desto stärker werden wir diese Bewegung spüren. Es ist, als ob Jesus gerade an uns vorübergehen würde, uns dann aber bemerkt, sich uns zuwendet und uns direkt in die Augen schaut.

Das erinnert mich an die Begegnung zwischen Jesus und Petrus, nachdem Petrus ihn verleugnet hatte: „Da wandte der Herr sich um und blickte Petrus an. Und Petrus erinnerte sich an das, was der Herr zu ihm gesagt hatte" (Lk 22, 61). Wie Petrus haben wir es nötig, an unsere selbstsicheren Versprechungen erinnert zu werden, an unsere Unfähigkeit, sie zu halten, unseren Mangel an Treue und unsere Ohnmacht, wenn wir auf uns selbst angewiesen sind. Aber wie Petrus werden wir auch an eine Liebe erinnert, die uns nicht verläßt, ein Erbarmen, das keine Grenzen kennt, und eine Vergebungsbereitschaft, die uns immer wieder neu entgegengebracht wird. Als Petrus spürte, wie die Augen Jesu sein Innerstes durchdrangen und er seine eigene Schwachheit und die Liebe Jesu in eins sah, „ging er hinaus und weinte bitterlich" (Lk 22, 62). Wenn wir Rublevs Erlöser anschauen, verstehen wir die Tränen des Petrus besser. Wir spüren sie in uns selbst. Es sind zugleich Tränen der Reue und der Dankbarkeit für soviel Liebe.

Obwohl Rublevs Ikone eine so eigene Schönheit besitzt, daß sie mit keiner anderen verglichen werden kann, ist sie doch tief verwurzelt in einer jahrhundertealten Weise, das Gesicht Christi zu malen.

Sosehr Rublevs Ikone eine eigenständige Schöpfung ist, so sehr ist sie auch der Tradition verbunden. Das volle Haar Christi, seine hohe Stirn, seine großen geöffneten Augen, seine lange Nase, sein kleiner Mund mit Schnurrbart, sein Vollbart, sein gelängtes Gesicht und sein breiter Hals sind nicht nach einem menschlichen Modell gemalt und sind auch nicht das Ergebnis von Rublevs eigener Erfindung. Er malte den Erlöser in heiliger Unterwerfung unter eine sehr genau vorgeschriebene Malweise, die von griechischen und russischen Ikonenmalern von Generation zu Generation weitergegeben wurde.

Die Farben sind unbeschreiblich schön. Verschiedene Kunsthistoriker haben versucht, sie zu beschreiben. M. Alpatov schreibt: „Da herrscht ein Zusammenklang der Farben, eine Harmonie von kalten Blautönen mit mildem Rosa und Gold ... Kaum aufgehellt wie bei der Freskomalerei, sind die Farben mit großer Klarheit voneinander abgegrenzt. Sie harmonieren mit der Sanftheit, die das Gesicht widerspiegelt." [5]

Und V. N. Lazarev fügt hinzu: „Die unvergleichliche Schönheit der kühlen, hellen Farben der ... Ikone nimmt den Betrachter gefangen. Die blauen und himmelblauen, die rosa, die gedämpft violetten und kirschroten Farbtöne sind so vollkommen vor den goldenen Hintergrund gesetzt, daß sie häufig musikalische Assoziationen wecken. Rublev be-

55

nutzte die Farbe als Mittel, um geistige Qualitäten zu zeigen."[6]

Die Farbe, die am meisten beeindruckt, ist das Blau des Mantels, der die Schultern des Erlösers bedeckt. Auf vielen griechischen und russischen Ikonen wird Christus mit einer roten Tunika dargestellt, die von einem blauen Mantel bedeckt ist, während die Gottesmutter mit rotem Schleier über einer blauen Tunika dargestellt wird. Rot ist die Farbe des Göttlichen, Blau die der Menschheit. Christus, das göttliche Wort, wird von Gott mit der Menschheit bekleidet. Die Gottesmutter, ein Mensch, ist überschattet von der Göttlichkeit des Geistes.

Rublev hält sich an dieses Farbschema, aber sein Blau ist intensiver und leuchtender als das auf jeder anderen mir bekannten Christusikone. Ja, es scheint, daß Rublev die Menschheit Christi stärker betonen wollte als seine Vorgänger. Der blaue Mantel läßt uns das liebevolle Menschenantlitz Gottes deutlicher sehen. Es ist ausgestattet „mit einem unwiderstehlichen Liebreiz, mit einer Milde, in der keine Spur von byzantinischer Strenge vorhanden ist. Rublevs tief menschlicher Christus erinnert an die berühmte Statue Christi auf dem Tympanon der Königlichen Tür der Kathedrale von Chartres. Beide, der russische und der frühgotische Meister, vermenschlichen Christus in einem solchen Maß, daß wir das Ab-

56

strakte, Kulthafte der Repräsentation aus den Augen verlieren"[7].

Rublevs Christus ist „eine seltene Kombination von Anmut und Strenge, Sanftheit und Entschiedenheit, die vor allem den Zauber menschlicher Tugend ausdrückt"[8].

Die meisten Ikonen von Jesus, griechische wie russische, erwecken große Ehrfurcht durch ihre strengen und harten Züge. Manche sind sogar furchteinflößend. Sie betonen die Größe der göttlichen Majestät so sehr, daß der Eindruck entsteht, die einzig angemessene Antwort darauf wäre, sich vor ihnen niederzuwerfen in demütigem Bekenntnis der eigenen völligen Unwürdigkeit gegenüber der Gegenwart Gottes. Aber wenn wir Rublevs Christus anschauen, geschieht etwas Neues. Es sieht so aus, als würde Jesus von seinem Thron herabsteigen, unsere Schulter berühren und uns ermuntern, aufzustehen und ihn anzuschauen. Sein schönes, offenes Gesicht weckt Liebe, nicht Furcht. Er ist Immanuel, Gott-mit-uns. Er sagt: „Ja, ich bin es wirklich. Faßt mich doch an und seht!" (Lk 24,39). Er bittet uns sogar um Speise, damit wir merken, daß er kein Geist ist, sondern ein Mensch, mit dem wir sprechen und essen können (vgl. Lk 24,36–43). Wir sind noch voll Ehrfurcht, aber es ist eine Ehrfurcht, in der Freude ist, dieselbe Freude, die die Jünger erfüllte, als sie ihren auferstandenen Herrn erkannten (vgl. Lk 24,41).

3. Augen sehen, die sowohl das Herz Gottes als auch das Herz jedes Menschen durchdringen

Was schließlich das Betrachten der Ikone Rublevs zu einer so tiefen geistlichen Erfahrung macht, sind die Augen des Erlösers. Ihr Blick ist so geheimnisvoll und tief, daß jedes Wort, das sie zu beschreiben versuchte, unzulänglich ist. Während die Augen der Gottesmutter von Vladimir über uns hinaussehen, um uns in das Geheimnis ihrer eigenen Betrachtung hineinzuführen, blickt der Christus von Rublev uns direkt an und konfrontiert uns mit seinen durchdringenden Augen. Es sind große, offene Augen, betont durch starke Brauen und tiefe, runde Schatten. Sie sind nicht hart oder richterlich, aber sie sehen alles, was ist. Sie bilden die Mitte der Ikone. Man könnte sagen: „Jesus ist ganz Auge." Sein durchdringender Blick erinnert an die Worte des Psalmisten:

„Herr, du hast mich erforscht,
und du kennst mich.
Ob ich sitze oder stehe, du weißt von mir.
Von fern erkennst du meine Gedanken.
Ob ich gehe oder ruhe, es ist dir bekannt;
du bist vertraut mit all meinen Wegen.
Wohin könnte ich fliehen vor deinem Geist,
wohin mich vor deinem Angesicht flüchten?"

(Ps 139, 1–3.7)

Diese Worte sprechen nicht von einer angsteinja-
genden Allgegenwärtigkeit, sondern von der lieben-
den Sorge dessen, der sich zu allen Zeiten und an
allen Orten um uns kümmert. Die Augen von Rublevs Jesus sind weder sentimental noch richterlich, weder fromm noch schroff, weder süß noch
hart. Es sind die Augen Gottes, die uns an unseren
geheimsten Orten sehen und uns mit göttlicher
Gnade lieben. N. A. Dyomina schreibt:

„Der Ausdruck im Gesicht Christi ist das deut-
lichste Merkmal seiner (Rublevs) neuen Auffas-
sung. Der Blick ist mit konzentrierter Aufmerksamkeit auf die Betrachter gerichtet und mit dem
Verlangen, in ihr Herz zu blicken und sie zu verstehen. Die Brauen sind leicht hochgezogen, aber das
erweckt nicht den Eindruck von Anspannung oder
Schmerz: Der Blick ist klar und gütig. Wir sehen
eine starke Persönlichkeit vor uns, die genügend
physische und moralische Kraft besitzt, um denen
Hilfe zu bringen, die sie nötig haben."[9]

Und Alpatov fügt hinzu: „Vor der Ikone des Erlösers (von Rublev) wissen wir uns Auge in Auge mit
ihm; wir schauen ihm direkt ins Gesicht und spüren Nähe zu ihm."[10]

Diese Erfahrung des Auge-in-Auge leitet uns in
die Mitte des großen Geheimnisses der Menschwerdung. Wir können Gott sehen und am Leben bleiben! Wenn wir versuchen, unsere Augen auf die
Augen Jesu zu heften, wissen wir, daß wir Gottes

Augen sehen. Was für ein größeres Verlangen gibt
es im Herzen der Menschen, als Gott zu sehen? Mit
dem Apostel Philippus schreit unser Herz: „Herr,
zeig uns den Vater; das genügt uns." Und der Herr
antwortet: „Wer mich gesehen hat, hat den Vater
gesehen ... Glaubst du nicht, daß ich im Vater bin
und daß der Vater in mir ist?" (Joh 14, 8–10). Jesus
ist die vollständige Offenbarung Gottes, „das Eben-
bild des unsichtbaren Gottes" (Kol 1, 15). In die Augen Jesu schauen ist die Erfüllung unserer tiefsten
Sehnsucht.

Es ist schwer, dieses Geheimnis zu erfassen, aber
wir müssen versuchen, zu erspüren, wie die Augen
des fleischgewordenen Wortes in ihrem Blick wirklich alles umfassen, was man sehen kann. Die Augen von Rublevs Christus sind die Augen des
Menschen- und Gottessohnes, wie er in der Offenbarung des Johannes beschrieben wird. Sie sind wie
Feuerflammen, die das Geheimnis des Göttlichen
durchdringen. Sie sind die Augen dessen, dessen
Gesicht leuchtet wie die Sonne in all ihrer Kraft
und dessen Name heißt: das Wort Gottes (vgl. Offb
1, 14; 2, 18; 1, 16; 19, 12–13). Es sind die Augen dessen, der ist „Licht vom Licht, wahrer Gott vom
wahren Gott, gezeugt, nicht geschaffen, eines Wesens mit dem Vater, durch ihn ist alles geschaffen"
(Glaubensbekenntnis von Nizäa). Ja, er ist das
Licht, in dem alles geschaffen ist. Er ist das Licht
des ersten Tages, als Gott das Licht sprach, es von

der Finsternis schied und sah, daß es gut war (Gen 1,3). Er ist auch das Licht des neuen Tages, das in der Finsternis leuchtet, „und die Finsternis hat es nicht ergriffen" (Joh 1,5). „Er ist das wahre Licht, das jeden Menschen erleuchtet" (Joh 1,9). Es erfüllt uns mit scheuer Ehrfurcht, in die Augen dessen zu blicken, der als einziger wahrhaft das Licht sieht und dessen Sehen sich nicht von seinem Wesen unterscheidet.

Gleichwohl sind die Augen Christi, die den Glanz von Gottes Licht sehen, dieselben, die die Niedrigkeit des Volkes Gottes gesehen haben. Dieselben Augen, die Gottes ewiges Geheimnis durchdringen, haben auch in das innerste Wesen der Männer und Frauen geblickt, die nach Gottes Bild geschaffen sind. Sie sahen Simon, Andreas, Jakobus, Philippus, Nathanael und Levi und riefen sie in die Nachfolge. Sie sahen Maria Magdalena, die Witwe von Naim, die Lahmen und Aussätzigen und die hungrige Volksmenge und schenkten ihnen Heilung und neues Leben. Sie sahen die Traurigkeit des reichen jungen Mannes, die Angst seiner Jünger auf dem See, die Einsamkeit seiner eigenen Mutter unter dem Kreuz und die Furcht der Frauen am Grab. Sie sahen den unfruchtbaren Feigenbaum, den entweihten Tempel und die ungläubige Stadt Jerusalem. Doch sahen sie auch Glauben: den Glauben der Männer, die ihren gelähmten Freund durch das Dach herabließen, den Glauben der kanaanitischen Frau, die um die Brocken bat, die vom Tisch des Herrn herabfielen, den Glauben des Hauptmanns, dessen Knecht gelähmt war und große Schmerzen hatte, den Glauben des blinden Bartimäus, der um Erbarmen rief, und den Glauben der blutflüssigen Frau, die die Quaste seines Mantels berührte.

Derjenige, der unaufhörlich die grenzenlose Güte Gottes sieht, kam in die Welt, sah sie in Stücke zerbrochen durch die Sünde der Menschen und wurde von Mitleid bewegt. Dieselben Augen, die in Gottes Herz schauen, sahen auch das Leid der Menschen Gottes und weinten (vgl. Joh 11,35). Diese Augen, die wie Feuerflammen lodern und Gottes eigenes Inneres durchdringen, enthalten auch Ozeane von Tränen über das Leid der Menschen aller Zeiten und Orte. Das ist das Geheimnis der Augen von Rublevs Christus.

Schluß

Den Christus von Rublev zu sehen ist ein tiefes Erlebnis. Durch die Trümmer unserer Welt sehen wir das leuchtende Antlitz Jesu, ein Antlitz, das weder Gewalt noch Zerstörung, noch Krieg endgültig vernichten können. Wir sehen seine sanfte Mensch-

*A*ndrej Rublev malte seine Christusikone zu Beginn des 15. Jahrhunderts als Teil eines Ikonostas, den er für eine Kirche in der russischen Stadt Zvenigorod anfertigte. Aus diesem Grund wird die Ikone oft der „Erlöser von Zvenigorod" genannt. Vom ursprünglichen Ikonostas sind nur drei Tafeln übriggeblieben: die Tafel mit dem Erzengel Michael, die Tafel mit dem Apostel Paulus und die Tafel, auf der Christus der Erlöser dargestellt ist.

Diese großenteils zerstörte Ikone wurde 1918 in einer Scheune neben der Maria-Himmelfahrts-Kathedrale in Zvenigorod gefunden.

Für mich zeigt dieses heilige Antlitz die Tiefe des großen Erbarmens Gottes inmitten unserer immer gewalttätiger werdenden Welt. Lange Jahrhunderte von Krieg und Zerstörung hat das Antlitz des fleischgewordenen Wortes von Gottes Gnade gesprochen, uns an das Bildnis erinnert, nach dem wir geschaffen wurden, und uns zur Umkehr gerufen. Es ist wirklich das Bild des Friedensbringers.

lichkeit, die uns auffordert, unsere Ängste beiseite zu schieben und uns ihm mit Vertrauen und Liebe zu nähern. Wir sehen seine Augen; Augen, die nicht nur Gottes eigenes Inneres durchdringen, sondern auch die Unermeßlichkeit menschlichen Leides in der ganzen Geschichte. So führt uns das Sehen von Christus ebenso zum Herzen Gottes wie zum Herzen all dessen, was menschlich ist. Es ist ein heiliges Erlebnis, in dem Betrachten und Mitleiden eins werden und in dem wir vorbereitet werden für ein ewiges Leben des Sehens.

IV

Die Ikone der Herabkunft des Heiligen Geistes: Die Welt befreien

Einführung

Christsein ist keine Sache für Einzelgänger. Trotzdem denken wir, was das geistliche Leben betrifft, in höchst individualistischen Begriffen. Wir sind darauf getrimmt, eigene Ideen zu haben, unsere eigene Meinung zu äußern und uns um unsere eigenen Angelegenheiten zu kümmern. Die europäische und amerikanische Erziehung legt soviel Wert auf die Entwicklung einer eigenständigen Persönlichkeit, daß wir in anderen Leuten eher potentielle Ratgeber, Führer und Freunde auf dem Weg der Selbstverwirklichung zu sehen gelernt haben als gemeinsame Gefährten einer Gemeinschaft des Glaubens.

Ich ertappe auch mich selbst dabei, in der Intimität meiner Beziehung zu Gott mehr über *meinen* Glauben, *meine* Hoffnung, *meine* Liebe nachzudenken als über *unseren* Glauben, *unsere* Hoffnung, *unsere* Liebe. Ich mache mir Sorgen um *mein* persönliches Gebetsleben, stelle Betrachtungen über *meine* Zukunft als gebildeter Mensch an und denke darüber nach, wieviel Gutes *ich* für andere getan habe oder tun werde. Bei alledem schenke ich immer meinem ganz persönlichen geistlichen Leben die meiste Beachtung.

Die Herabkunft des Heiligen Geistes, eine russische Ikone, die gegen Ende des 15. Jahrhunderts gemalt wurde, hat mir wieder deutlich ins Bewußtsein gerufen, daß ein Leben im Geist wesentlich ein Leben in Gemeinschaft bedeutet. Obwohl ich sie verstandesmäßig schon kannte, hat eine lange und intensive Begegnung mit dieser Pfingstikone der russischen Schule von Nowgorod dieses verstandesmäßige Wissen allmählich verinnerlicht und zu Herzenswissen werden lassen.

Daß Gott die Fülle seiner Liebe zuallererst in der Gemeinschaft offenbart und daß die Verkündigung der frohen Botschaft dort ihren wesentlichen Ursprung besitzt, hat radikale Konsequenzen für unser eigenes Leben. Denn jetzt geht es nicht mehr um die Frage: Wie kann ich mein geistliches Leben am besten entfalten und mit anderen teilen?, sondern darum: Wo finden wir die Gemeinschaft des Glaubens, auf die der Geist Gottes herabsteigt und von der Gottes Botschaft der Hoffnung und Liebe als Licht in die Welt gebracht werden kann? Sobald diese Frage unser wichtigstes Anliegen wird, können wir das geistliche Leben nicht länger vom Gemeinschaftsleben trennen, die Zugehörigkeit zu Gott nicht von der Zugehörigkeit zueinander, Christus sehen nicht länger davon, uns gegenseitig in ihm zu sehen.

Als ich mich näher mit dieser Pfingstikone beschäftigte, entdeckte ich allmählich viele neue Gesichtspunkte des geistlichen Lebens, die andere
Ikonen mir nicht deutlich gemacht hatten. Zuerst
sah ich, wie Gott sich uns an Pfingsten als der Gott-
in-uns offenbart hat. Dann begriff ich, wie dieser
Gott-in-uns eine neue Gemeinschaft des Glaubens
schafft, in der Einheit und Verschiedenheit sich gegenseitig vertiefen. Schließlich entdeckte ich, wie
diese Gemeinschaft des Glaubens eine lebendige
Mitte bildet, von der aus die Befreiung der Welt vor
sich gehen kann.

Jetzt möchte ich gerne ausführlicher zeigen, wie
diese drei Gesichtspunkte des geistlichen Lebens in
der *Herabkunft des Heiligen Geistes* ihren Ausdruck finden[11].

1. *Der Gott-in-uns*

Was mir zuerst an dieser Ikone auffällt, ist ihre
Ruhe. Die zwölf Apostel und Evangelisten, die in
tiefer Ruhe in einem Halboval sitzen, strahlen Ordnung, Frieden und Feierlichkeit aus. Ihre harmonische Erscheinung verstärkt die Symmetrie und das
Gleichgewicht der ganzen Ikone.

Diese Ruhe steht in großem Gegensatz zur ei-
gentlichen Pfingstgeschichte. Dort (Apg 2, 1–13) lesen wir von einem plötzlichen Brausen vom

Himmel her, einem heftigen Sturm, Feuerzungen, Worten, die in verschiedenen Sprachen gesprochen werden, Bestürzung, Staunen und von der sarkastischen Bemerkung über „zuviel Wein". Die Ikone zeigt nichts davon: kein Brausen, keine Worte, keine sprechenden Jünger, keine erregte Volksmenge, keine skeptischen Zuschauer, nicht einmal Feuerzungen, sondern nur zwölf kurze Strahlen, die von einem Kreissegment, das den Himmel symbolisiert, nach unten ausgehen. Wir sehen vollendete Ruhe, Ordnung und Harmonie.

Hat der Maler vergessen, was sich wirklich ereignet hat? Nein, aber er wollte den tiefsten Sinn von Pfingsten darstellen. Er will das innere Geschehen ausdrücken. Wie die meisten großen Ikonen ist auch die Ikone der *Herabkunft des Heiligen Geistes* weniger eine Illustration einer biblischen Erzählung als die Darstellung einer theologischen Wahrheit. Die Wahrheit, die durch diese Ikone hervortritt, ist die: Gott vollendet die Offenbarung des verborgenen göttlichen Lebens dadurch, daß er uns göttlichen Geist gibt, um so wirklich der Gott-in-uns für uns zu werden.

Zuerst, in der Exodus-Geschichte, offenbart sich Gott als ein Gott-für-uns, der uns aus unserer Knechtschaft führt mit einer Wolkensäule bei Tag und einer Feuersäule bei Nacht (Ex 13, 21). Später, in der Geschichte des Jesus von Nazaret, offenbart sich Gott als ein Gott-mit-uns (Mt 1, 23), der uns in

Solidarität und Mit-leid begleitet. Schließlich offenbart sich in der Geschichte von Pfingsten Gott als ein Gott-in-uns, der uns befähigt, selbst göttliches Leben zu atmen. So vervollständigt Pfingsten das Geheimnis der Offenbarung Gottes als Vater, Sohn und Heiliger Geist und lädt uns ein, vollgültiger Teilhaber am inneren Leben Gottes zu werden. Dadurch, daß Gott nicht nur ein Gott-für-uns und ein Gott-mit-uns, sondern auch ein Gott-in-uns wurde, läßt er uns das göttliche Leben erkennen, wie Jesus verheißt: „Der Beistand aber, der Heilige Geist, den der Vater in meinem Namen senden wird, wird euch alles lehren" (Joh 14,26).

Die Pfingstikone führt uns mitten in das Geheimnis von Gottes Selbstoffenbarung hinein. Die Art und Weise, wie die Apostel und Evangelisten versammelt sind, macht die Gegenwart des Gottes-in-uns deutlich. Der freie Raum zwischen den Hauptfiguren Petrus und Paulus zeigt ebenso wie der freie Raum, der durch das Halboval gebildet wird, in dem die Zwölf angeordnet sind, den neuen inneren Raum, in dem der Geist wohnt. Jesus ist nicht mehr bei seinen Jüngern. Er ist auferstanden. Aber seine Abwesenheit bedeutet nicht Leere. Im Gegenteil: Sein Weggehen hat den Raum geschaffen, in dem seine Jünger die Fülle des Geistes empfangen können. Jesus selbst hatte sie darauf vorbereitet, indem er sagte: „Es ist gut für euch, daß ich fortgehe. Denn wenn ich nicht fortgehe, wird der Beistand (Geist) nicht zu euch kommen; gehe ich aber, so werde ich ihn zu euch senden ... und er wird euch in die volle Wahrheit führen" (Joh 16,7.13). Mit diesen Worten deutet Jesus voraus auf das neue Leben im Geist, das an Pfingsten offenbart werden wird. Es wird ein Leben sein, gelebt in der „vollen Wahrheit". In der „vollen Wahrheit" leben aber bedeutet enge Vertrautheit mit Gott, denn Gott ist die Wahrheit: wir sind ihm sozusagen angetraut und empfangen das ganze göttliche Leben.

Die zwölf Strahlen, die oben auf der Ikone zu sehen sind, symbolisieren die Fülle des Geistes, den die Jünger empfangen haben. Die Zeit der Verwirrung, der Mißverständnisse, des Unglaubens und der Angst ist vorbei. Gott ist nicht länger ein Außenseiter, ein unzuverlässiger Führer oder ein feindlicher Fremder. Gott ist der Geist des auferstandenen Christus, der in seinen Jüngern lebt und sie mit neuer Hoffnung, neuem Mut und neuer Zuversicht erfüllt. Es ist der Geist, in dem sie bekennen: „Jesus ist der Herr" (1 Kor 12,3), und rufen: „Abba, Vater" (Gal 4,6). Es ist der Geist, der ihnen eingibt, was sie vor Herrschern und Machthabern sagen sollen (vgl. Lk 12,11–12), ihnen Weisheit verleiht (Apg 6,10) und ihre Entscheidungen beeinflußt (vgl. Apg 15,28). Es ist der Geist, der ihnen Vollmacht gibt, die Vergebung der Sünden, mit der zuerst Christus selbst betraut war, fortzusetzen (vgl. Joh 20, 22–23) und die frohe Botschaft von

Gottes unerschöpflicher Liebe und Gnade zu allen Geschöpfen zu bringen (vgl. Mk 16, 15).

Die Ruhe und das Friedvolle der Pfingstikone bringen besser als irgendein geschriebener Text das neue Leben zum Ausdruck, das der Geist schenkt. Es ist ein Leben göttlicher Liebe, gelebt im selben Geist, in dem Christus sein Leben lebte. So konnte Paulus sagen: „Nicht mehr ich lebe, sondern Christus lebt in mir" (Gal 2, 20). Dieser Geist des gekreuzigten und auferstandenen Christus ermöglicht uns, so wie er in der Welt zu leben, ohne zu ihr zu gehören.

2. Die Gemeinschaft des Glaubens

Der Geist in uns, der Geist des Gottes der Liebe, der Geist des lebendigen Christus ist der Heilige Geist, der neue Gemeinschaft unter denen stiftet, die glauben.

Das ist der zweite Gesichtspunkt des geistlichen Lebens, den der Maler ausgedrückt hat. Was diese Pfingstikone uns über Gemeinschaft mitteilt, bewegt mich sehr. Wir leben in einer Zeit tiefer Einsamkeit, und deshalb neigen wir dazu, uns Gemeinschaft als einen Raum vorzustellen, in dem wir verwundbar sein können, uns vollkommen öffnen können, andere sehr gut kennenlernen dürfen und bleibende, enge Beziehungen entwickeln können.

Wie sehr sehnen wir uns nach einer solchen Gemeinschaft! Sie ist ein Ideal, das in unseren Träumen sehr lebendig ist, aber im täglichen Leben nur zu oft enttäuscht wird.

Die Ikone der Herabkunft des Heiligen Geistes leugnet keineswegs die Wichtigkeit zwischenmenschlicher Beziehungen, läßt Gemeinschaft aber in einem erheblich anderen Licht erscheinen. Sie ruft uns ins Bewußtsein, daß Gemeinschaft zuerst und vor allem ein Geschenk des Heiligen Geistes ist, aufgebaut nicht auf gegenseitiger Übereinstimmung, Zuneigung oder gemeinsamen Interessen, sondern darauf, den gleichen göttlichen Atem empfangen zu haben, ein Herz bekommen zu haben, das vom gleichen göttlichen Feuer entflammt ist, und von der gleichen göttlichen Liebe umgeben zu sein. Es ist der Gott-in-uns, der uns in Gemeinschaft miteinander führt und uns eins macht. Diese Botschaft konfrontiert und tröstet uns zugleich. Sie konfrontiert uns mit unserer Unfähigkeit, unsere Zerbrochenheit mit selbsterdachten Lösungen zu heilen und tröstet uns mit der Eröffnung, daß Gott tatsächlich unter uns die Einheit schaffen will, nach der wir uns im Innersten sehnen.

Die zwölf Jünger, die auf der Ikone dargestellt sind, bilden eine völlig harmonische Gemeinschaft. Ihre Einheit wird bildlich verstärkt durch den Gebrauch der umgekehrten Perspektive, welche die Figuren größer erscheinen läßt, wenn wir den

Hintergrund betrachten, wie auch durch die goldenen Heiligenscheine um die Köpfe der Jünger. Sie
bilden in der Tat einen Leib, geeint durch einen
Geist. Aber sie sehen sich gegenseitig nicht an, sprechen nicht miteinander, arbeiten nicht zusammen.
Sie lauschen alle zusammen auf den Gott in ihnen.
Nicht ihre gleiche seelische Veranlagung vereint
sie. Sie sind ganz verschieden! Auf der linken Seite
sehen wir Petrus, Matthäus, Lukas, Andreas, Bar-
tholomäus und Thomas, auf der rechten Paulus, Johannes, Markus, Simon, Jakobus und Philippus.

Die Berichte der Evangelien machen deutlich,
daß diese Männer nicht zusammengekommen
sind, weil sie von ihrer Persönlichkeit her so gut zu-
sammenpassen. Was sie in Einheit zusammenbindet, sind die Strahlen des göttlichen Geistes, der
von oben auf sie herabsteigt. Dieser Geist hat ihre
Herzen geöffnet, damit sie das Wort verstehen, das
sie von Jesus empfangen haben. Das erklärt, warum
Paulus und die vier Evangelisten Bücher in den
Händen halten und die anderen Buchrollen. Das
Wort Gottes, ihnen geschenkt als gemeinsame
Gabe und von ihnen angenommen als gemeinsame
Aufgabe, bindet sie zu einer heiligen Gemeinschaft
des Glaubens zusammen.

Hier enthüllt sich das Geheimnis der Kirche. Sie
ist Einheit in Verschiedenheit; das stellt diese Ikone
so überzeugend dar. Ein genauer Blick auf die
Zwölf zeigt, daß jedes Glied dieser Gemeinschaft

eine individuelle Person ist. Sorgfältig hat der Ikonenmaler jedem Apostel und Evangelisten eine eigene, unwiederholbare Individualität gegeben. Ihre Haare, Augen, die Bewegungen ihrer Köpfe, ihre Gebärden und die Art, in der sie ihre Beine und Füße übereinanderlegen, sind so unterschiedlich, daß man sich ziemlich leicht an jede einzelne Figur erinnern kann. Diese Unterschiede in den Formen werden treffend verstärkt durch den Gebrauch von verschiedenartigen tiefen, satten Farben. Die Umgebung, in der sie sitzen, ist in zurückhaltenden Gelb- und Brauntönen gemalt, aber schau dir die hellen Rottöne und die tiefen Grüntöne, die Gelb- und Purpurtöne, die Braun- und Grautöne ihrer Mäntel und Tuniken an! Und obwohl die Kleidungen alle verschieden sind, ergeben sie zusammen eine wunderbare Harmonie. Keine Farbe dominiert, obwohl das Rot des Johannes, das Gelb des Petrus und die Grüntöne von Andreas, Simon und Philippus auffällig miteinander kontrastieren.

Es macht Spaß, sich mit jedem Einzelnen der Zwölf zu beschäftigen. Jeder erzählt auf seine Weise die Geschichte. Paulus sitzt gerade und aufrecht und sieht ziemlich streng und klug aus. Petrus ist etwas vorgebeugt und scheint eher im Begriff, zuzuhören. Johannes wendet seinen Kopf um – er ist bewegt; Matthäus und Markus sind eifrig dabei, alles mit ausgestreckten Armen zu erklären. Philippus, der mit übereinandergeschlagenen

Beinen unten in der rechten Ecke sitzt, mag wohl alles lieber im Plauderton erzählen wollen, und Thomas auf der linken Seite sieht so jung aus, daß man sich fragt, wie denn *er* seine Erfahrung mit Jesus ausdrücken wird. Alle haben sie ihre eigene Art zu leben und die Frohe Botschaft zu verkünden, die tief in ihr Herz eingedrungen ist.

Je näher ich herankomme, desto mehr Unterschiede sehe ich, aber jedesmal, wenn ich ein paar Schritte zurücktrete, stelle ich wieder fest, daß sie zu einer Gemeinschaft gehören, einen Leib bilden und zusammengehalten sind durch den Geist ihres einen und einzigen Herrn, Jesus Christus.

3. Die Befreiung der Welt

Die Gemeinschaft des Glaubens, die durch den Gott-in-uns, den Heiligen Geist, geschaffen wird, ist nicht nur einfach für das Wohlbefinden ihrer Mitglieder, sondern für die Befreiung der Welt geschaffen. Darin besteht der dritte Gesichtspunkt des geistlichen Lebens, der in der Ikone der Herabkunft des Heiligen Geistes sichtbar wird. Die Ikone ruft uns deutlich zu Bewußtsein, daß der Geist Christi, der uns zu einem Leib zusammengerufen hat, uns in die Welt sendet, so daß alle Menschen an der Frucht der Erlösung, erworben durch den Tod und die Auferstehung Jesu, teilhaben können.

Die königartige Figur, die im verdunkelten Tor
am unteren Rand dieser Pfingstszene steht, spricht
davon, daß die Welt dringend Befreiung braucht.
Diese Figur ist wesentlich für das Verständnis der
Herabkunft des Geistes. Als ich die Ikone zum ersten Mal sah, war ich befremdet von dieser irritie-
renden, steifen Person mit einer unnatürlich
aussehenden Krone, einem ausdruckslosen Gesicht, plumpen Kleidern und einem langen weißen
Tuch, das über ihre ausgestreckten Arme gebreitet
ist. Im Vergleich zu den lebendigen Gestalten der
Apostel und Evangelisten wirkte dieser Mann wie
eine leblose Marionette auf mich. Und was sollte
diese seltsame ovale Tür, die auf nichts Ausblick
hat als lauter Finsternis? Ich empfand, daß diese
wunderbare Pfingstszene von dieser häßlichen
„Szene" am unteren Bildrand gestört wurde.
Warum wurde der freie Raum, den die Jünger bilde-
ten, nicht ganz frei gelassen? Es sähe doch soviel
harmonischer und friedlicher aus.

Als ich damit begann, verschiedene Erklärungen
zu dieser Ikone zu lesen, besonders die von Paul
P. Muratov, Leonid Ouspensky und Daniel Rousseau, merkte ich langsam, daß meine romantischen
Bestrebungen weit entfernt waren von den Absich-
ten des Malers. Der steife König im finsteren Tor
muß da sein. Pfingsten ist nicht das idyllische Ende
der Heilsgeschichte, sondern der Anfang eines Auf-
trags, in die Welt hinauszugehen, alle Völker zu

78

Jüngern zu machen, sie im Namen des Vaters, des Sohnes und des Heiligen Geistes zu taufen und sie zu lehren, alles zu befolgen, was Jesus uns geboten hat (vgl. Mt 28, 19–20). Derselbe Geist, der die Jünger Jesu zu einer Glaubensgemeinschaft zusammenbindet, die vor Leben sprüht, sendet sie in die Welt, um die zu befreien, „die sitzen in Finsternis und im Schatten des Todes" (Lk 1, 79).

Auf den ältesten Pfingstikonen wurde die Menge, die auf das Brausen des Geistes hin aus allen Völkern zusammenströmte (vgl. Apg 2, 5–6), unten auf der Ikone dargestellt. Aber spätere Ikonenmaler ersetzten diese Menge durch eine einzige symbolische Figur, um die feierliche Ruhe der ganzen Komposition zu erhalten. Diese Figur trägt oftmals die Aufschrift: „Kosmos". Dieser Kosmos, ein düsterer älterer Mann, stellt alle Völker dar, die in der Finsternis leben, in die das Licht der Lehre der Apostel gebracht wurde.

Beim Lesen dieser Interpretation bekam die Ikone für mich eine neue Dimension. Sie war jetzt nicht nur eine Ikone von großer innerer Ruhe und Harmonie, sondern auch eine Ikone mit einer Aufforderung. Sie hatte einen dringenden Aufruf zur Tat dazubekommen. Viele Menschen leben in Finsternis und warten auf das Licht des Wortes Gottes. Jetzt sehe ich deutlich, daß Kosmos in dem weißen Leinentuch die zwölf Buchrollen trägt, auf die das göttliche Wort, verkündet von den Zwölfen, ge-

schrieben wurde. Ihr Weiß sticht deutlich ab von
der Dunkelheit, in der Kosmos sich befindet. Das
Licht des Gotteswortes muß in die gefangene Welt
gebracht werden! So wird dieses friedliche Pfingst-
bild zu einem drängenden Ruf zur Befreiung. Die
Rollen und Bücher in den Händen der Zwölf sind
nicht dazu da, um dort zu ihrer privaten Erleuch-
tung behalten zu werden, sondern dazu, Menschen
aller Zeiten und Länder in die Hände gegeben zu
werden, damit auch sie am neuen Leben teilhaben
können, das der Geist verleiht.

Wenn ich mir den Materialismus und die Luxus-
gesellschaft meines eigenen Landes, die Armut in
Asien, Afrika und Lateinamerika und die Gewalttä-
tigkeit im Libanon, in Irland, Mittelamerika und an
vielen anderen Orten ins Bewußtsein rufe, und an
die Gefangenen und Behinderten hinter den Mau-
ern riesenhafter unpersönlicher Institutionen
denke, die Kranken, die wenig oder gar keine Fürsorge erhalten, die jungen Menschen, die zu wenig
Möglichkeiten einer angemessenen Ausbildung
oder Arbeit haben, die Sterbenden, die in ihren letzten Stunden alleine bleiben, und alle, die einsam
oder voller Angst sind – dann nimmt der starre, ma-
rionettenhafte König in der verdunkelten Tür ver-
hängnisvolle Ausmaße an und wird zum Repräsen-
tanten der ganzen Menschheit, die in einem
weltweiten Netz von persönlicher und allgemeiner
Schuld verstrickt ist. Die dunkle Höhle am unteren

Rand der Ikone darf nicht ignoriert werden! Sie spricht vom bitteren Haß und Streit auf unserem Planeten, einem Planeten, dessen Existenz zunehmend gefährdet wird von zerstörerischen Kräften, die erfunden und angehäuft werden von einer „aufgeklärten" Menschheit. Dieser düstere alte Fürst muß da bleiben, um zu versichern, daß die Herabkunft des Heiligen Geistes nie eine idyllische Angelegenheit war, sondern immer eine Herabkunft in eine Welt bleibt, die nach Befreiung lechzt.

Wer kann diese Aufgabe der Befreiung übernehmen? Wenn wir als Einzelne den schreienden Nöten der Welt zu begegnen versuchen, werden wir uns bald von „Mächten und Gewalten" umgeben finden, die sich unserem Verstehen und unserer Kontrolle entziehen. Dann erwartet uns sichere Verzweiflung. Aber *Die Herabkunft des Heiligen Geistes* macht deutlich, daß eine Gemeinschaft, die von Gott begründet wurde, sich tatsächlich in den Kampf für Gerechtigkeit und Frieden einlassen kann, ohne dadurch zerstört zu werden. Diese Gemeinschaft besteht zwar aus zerbrechlichen Menschen mit sehr beschränkten Möglichkeiten, aber der Geist Gottes gibt ihr ihre befreiende Kraft. So macht uns die Ikone sowohl Hoffnung auf die Befreiung der Welt als auch Mut, uns dafür zu engagieren.

Schluß

Die Herabkunft des Heiligen Geistes, so wie sie von dem russischen Ikonenmaler gegen Ende des 15. Jahrhunderts geschildert wird, zeigt eine neue Gemeinschaft des Glaubens, begründet vom Geist Gottes, der in unseren Herzen wohnt und uns beauftragt, unsere gefangene Welt zu befreien. Die Ikone vereint Gebet und Dienst, Kontemplation und Aktion, stilles Wachsen im Geist und Sendung in unsere friedlose Welt. Sie proklamiert die Gemeinschaft des Glaubens als sicheren Wohnort, aber genauso als Mittelpunkt, von dem der Auftrag zur Befreiung der Welt ausgeht.

Leonid Ouspensky erzählt, daß zwei Ikonen an Pfingsten in russischen Kirchen besonders verehrt werden: Die Ikone der Herabkunft des Heiligen Geistes und die Ikone der Heiligen Dreifaltigkeit[12]. Darin drückt sich die innige Verbindung zwischen der Geburt der Gemeinschaft des Glaubens und dem Geheimnis des dreieinigen Gottes aus. Tatsächlich, der harmonische Kreis, in den die Jünger gesetzt sind, ist eine Widerspiegelung der Harmonie zwischen den drei göttlichen Personen, die Andrej Rublev in seiner Ikone der Heiligen Dreifaltigkeit so wunderbar schildert. Die russische Ikonenmalerei hilft uns zu erkennen, daß das Geheimnis der Kirche und das Geheimnis der Offenbarung des verborgenen Lebens Gottes niemals voneinander getrennt werden können. Beide, Gott – Vater, Sohn und Heiliger Geist – und die Kirche – die Gemeinschaft, die ihr Leben im Namen des dreieinigen Gottes lebt –, gehören zum Apostolischen Glaubensbekenntnis. Wenn wir uns diese geheimnisvolle Verbindung vor Augen halten und zu Herzen nehmen, werden wir die Kirche wohl nicht mehr nur als rein menschliche Organisation ansehen, die uns bei unserem geistlichen Leben eine Hilfe sein mag oder auch nicht. Die Verbindung zwischen dem Geheimnis Gottes und dem Geheimnis der Kirche wird wunderbar vom Erzbischof Antonius ausgedrückt, wenn er schreibt:

„So wird nach dem Vorbild der Heiligen Dreifaltigkeit, die ungeteilt und doch unterschieden ist, ein neues Wesen geformt, die Heilige Kirche, eins in ihrem Wesen, aber vielfältig in den Personen; ihr Haupt ist Christus und ihre Mitglieder sind Engel, Propheten, Apostel, Märtyrer und alle diejenigen, die im Glauben zur Umkehr gelangt sind."[13]

Diese Schau der Kirche als Abbild der Dreifaltigkeit hilft uns, den vollen Sinn brüderlicher und schwesterlicher Liebe zu verstehen. Jesus hatte seine Jünger schon gelehrt, daß seine Liebe zu ihnen so umfassend war wie die Liebe des Vaters zu ihm und daß ihre gegenseitige Liebe so umfassend sein sollte wie die Liebe Jesu zu ihnen. „Wie mich der Vater geliebt hat, so habe ich euch geliebt ...

liebt einander, wie ich euch geliebt habe" (Joh 15,9.12). An Pfingsten sendet er ihnen den Heiligen Geist, den Geist der Liebe, in dem Vater und Sohn sich gegenseitig lieben, und schafft so eine Gemeinschaft nach dem Vorbild des göttlichen Lebens. Wie Adam und Eva nach dem Bilde Gottes erschaffen wurden, so wurde die Kirche geschaffen nach dem Bild des dreieinigen Lebens Gottes, das in Jesus dem Christus geoffenbart wurde. Deshalb ist es bezeichnend, daß Jesu Worte: „Liebt einander, wie ich euch geliebt habe", an seine vertrautesten Freunde, an seine Jünger, gerichtet sind. Diejenigen, die Jesus kennen, sind aufgerufen, seine Liebe in ihrem gemeinsamen Leben deutlich zu machen und so zum Zeichen der Hoffnung inmitten einer Welt voller Angst zu werden.

Die Ikone der Herabkunft des Heiligen Geistes ist eine Tür, die uns in das Geheimnis von Gottes verborgenem Leben führt. Als ich die Ikone zum ersten Mal sah, fühlte ich mich nicht zu ihr hingezogen. Aber als ich mir Zeit nahm, mit der Ikone zu leben und zu beten, öffnete sie sich mir allmählich und erzählte mir die Geschichte unserer Erlösung. Ich hoffe, daß auch allen, die mit der Ikone vor sich diese Betrachtung lesen, mehr vom „unergründlichen Reichtum Christi" zu Bewußtsein kommt und daß sie deutlicher „das Wirken des Geheimnisses" sehen, „das von Ewigkeit her in Gott, dem Schöpfer des Alls, verborgen war" (Eph 3,8–9).

Die Herabkunft des Heiligen Geistes, eine russische Ikone der Schule von Nowgorod, gegen Ende des 15. Jahrhunderts gemalt, hat mir wieder deutlich ins Bewußtsein gerufen, daß ein Leben im Geist wesentlich ein Leben in Gemeinschaft bedeutet.

Die Ikone der Herabkunft des Heiligen Geistes ist eine Tür, die uns in das Geheimnis von Gottes verborgenem Leben führt. Als ich mich näher mit dieser Pfingstikone beschäftigte, entdeckte ich allmählich viele neue Gesichtspunkte des geistlichen Lebens. Zuerst sah ich, wie Gott sich uns an Pfingsten als der Gott-in-uns offenbart hat. Dann begriff ich, wie dieser Gott-in-uns eine neue Gemeinschaft des Glaubens schafft, in der Einheit und Verschiedenheit sich gegenseitig vertiefen. Schließlich entdeckte ich, wie diese Gemeinschaft des Glaubens eine lebendige Mitte bildet, von der aus die Befreiung der Welt vor sich gehen kann.

Zusammenfassung

Die Ikonen, die wir in diesem Buch betrachten, waren mir schon lange vertraut gewesen. Ich habe viele Reproduktionen von ihnen in Kirchen, Klöstern, Heimen und Wohnungen gesehen. Aber erst nachdem ich anfing, sie so zu betrachten, wie die Ikonenmaler es beabsichtigt hatten, nicht als Dekoration, sondern als heilige Orte, haben sie mir ihre Geheimnisse erzählt. Sie haben mir erzählt, daß wir alle berufen sind, in die liebende Gemeinschaft von Vater, Sohn und Heiligem Geist einzutreten. Sie haben mir erzählt, daß die Jungfrau Maria, von Gott erwählt, die Lade des Neuen Bundes zu werden, uns freundlich dazu einlädt, Jesus zu wählen als die Weise, ganz und gar zu Gott zu gehören. Sie haben mir erzählt, daß Jesus, der die Tiefen Gottes ebenso sieht wie die Tiefen des menschlichen Herzens, das ganz deutliche Zeichen von Gottes rettender Gegenwart unter uns ist. Schließlich haben sie mir erzählt, daß durch eine neue Gemeinschaft, die durch den Geist gebildet wird, die Christen dazu aufgerufen sind, Gottes Liebe sichtbar zu machen und so für die Befreiung der Welt zu arbeiten.

Anfangs sah ich diese Ikonen unabhängig voneinander an, aber allmählich begannen sie eine Einheit zu bilden. Zusammen stellen sie die Bewegung von der Gemeinschaft Gottes zu der Gemeinschaft des Glaubens dar, eine Bewegung, die von Jesus verwirklicht wurde, Sohn Marias und Sohn Gottes. Nicht nur die einzelnen Ikonen haben Geschichten zu erzählen, auch zusammen erzählen sie eine Geschichte. Sie erzählen uns, daß Jesus, wahrer Mensch und wahrer Gott, uns beruft, teilzuhaben am verborgenen Leben Gottes, nicht erst, wenn wir unsere irdische Wanderung beendet haben, sondern auch schon jetzt, wenn wir im Glauben zusammenkommen. Wie die Reihenfolge dieses Buches zeigt, wird die Heilige Dreifaltigkeit zum Vorbild für die pfingstliche Gemeinschaft und diese ein Widerschein der Heiligen Dreifaltigkeit. Beide sind verbunden durch die geheimnisvolle Menschwerdung des Wortes Gottes, die auf den Ikonen der Gottesmutter von Vladimir und des Erlösers von Zvenigorod zum Ausdruck kommt.

Alle vier Ikonen sprechen von einem Gott, der nicht im blendenden Glanz des göttlichen Lichtes verborgen bleibt, sondern sich auf eine Welt einläßt, die nach Freiheit schreit. Auf jeder der vier Ikonen ist die Welt gegenwärtig. Die Welt erscheint als der offene Raum vor dem Altar auf der Ikone der Heiligen Dreifaltigkeit. Die Welt erscheint im hölzernen Rahmen, in den die Gottesmutter und das Kind eingefaßt sind. Die Welt zeigt sich in der beschädigten Holztafel, auf der alles verlorengegangen ist außer dem Gesicht des Erlösers, das voller Erbarmen ist. Schließlich wird die Welt in dem steifen König sichtbar, der im dunklen Tor am Rande des Pfingstbildes steht. Gott liebt uns Weltmenschen so sehr, daß wir erwählt werden, das Mittel für die göttliche Selbstoffenbarung zu werden. Sündige Männer und Frauen, aus Staub gemacht, nicht reine, körperlose Engel, werden erwählt, am Geheimnis von Gottes verborgenem Leben teilzunehmen, das sich ausdrückt in Vater, Sohn und Geist. „Denn er nimmt sich keineswegs der Engel an, sondern der Nachkommen Abrahams nimmt er sich an" (Hebr 2, 16). Gott behält seine Geheimnisse nicht für sich, sondern in dem Wort und durch das Wort, das seit aller Ewigkeit gesprochen ist und sich im Schoß einer Frau mit menschlichem Fleisch bekleidet hat, machte uns Gott seine Geheimnisse bekannt. So sind wir zu den privilegierten Empfängern des Geheimnisses geworden, das in Gott von Ewigkeit verborgen war. Wir wurden so innig mit Gott verbunden, wie Jesus es ist. Wir wurden wirklich zu Kindern Gottes gemacht.

Diese vier Ikonen erzählen uns diese heilige Wahrheit auf viererlei Weise. Jede einzeln und alle zusammen geben uns eine Ahnung vom Haus der Liebe, das Jesus für uns bereitet hat, und laden uns ein, schon jetzt die Freude zu kosten, dort zu leben.

Diese Meditationen auszuarbeiten machte mir große Freude. Gebet wurde zu Schreiben, und Schreiben wurde Gebet. Bei diesem Vorgehen wurde mir mehr Energie geschenkt, als ich verbrauchte. Ich hoffe sehnlichst, daß du beim Lesen dieser Meditation etwas von der gleichen Freude erfährst und daß dadurch dein Verlagen immer stärker wird, die Schönheit des Herrn zu schauen, die in diesen heiligen Bildern aufscheint.

Anmerkungen

I. Die Ikone der Heiligen Dreifaltigkeit

[1] Für diese Meditation habe ich folgende Bücher benützt: Paul Evdokimov, L'Art de l'Icône: Théologie de la Beauté, Paris 1970; Leonid Ouspensky and Vladimir Lossky, The Meaning of Icons, Crestwood, New York, St. Vladimir's Seminary Press, 1983.

II. Die Ikone der Gottesmutter von Vladimir

[2] Für diese Meditation habe ich folgende Bücher herangezogen: Paul Evdokimov, a.a.O., besonders S. 217–223: „Die Ikone unserer Frau von Vladimir"; Egon Sendler, L'Icône, Image de l'Invisible: L'Eléments de Théologie Esthétique et Technique, Paris 1981.

III. Die Ikone des Erlösers von Zvenigorod

[3] Für diese Meditation habe ich hauptsächlich verwendet: V. N. Lazarev, The Moscow School of Icon Painting, Moscow 1971; M. Alpatov, Andrej Rubliov, Moscow 1972.
[4] Vgl. The Russian Renaissance: Adrei Rublyov (for the 625th anniversary of his birth), Soviet Life, Oktober 1985, S. 55.
[5] M. Alpatov, a.a.O., S. 74.
[6] V. N. Lazarev, a.a.O., S. 21.
[7] V. N. Lazarev, a.a.O., S. 21.
[8] M. Alpatov, a.a.O., S. 74.
[9] V. N. Lazarev, a.a.O., S. 22.
[10] M. Alpatov, a.a.O., S. 73.

IV. Die Ikone der Herabkunft des Heiligen Geistes

[11] Für diese Meditation habe ich folgende Bücher verwendet: Paul Muratoff, Trente-cinq Primitifs Russes, Collection Jacques Zolonitsky, à la Vieulle Russie, Paris: 18 Faubourg Saint-Honoré, 1931; Leonid Ouspensky and Vladimir Lossky, a.a.O.; Daniel Rousseau, L'Icône, Splendeur de Ton Visage, Paris 1982.

[12] L. Ouspensky and V. Lossky, a.a.O., S. 208.

[13] Erzbischof Antonius, Gesammelte Werke Bd. II, S. 75–76, zitiert bei L. Ouspensky and V. Lossky, a.a.O., S. 208.

Feuer, das von innen brennt
Stille und Gebet

„An wen können wir uns als Christen wenden, am Ende des zweiten Jahrtausends, wenn es darum geht, die innere Einsamkeit und Öde zu bekämpfen? Der erfahrene Psychologe und Seelsorger Nouwen entdeckt eine Alternative, eine ‚erfüllte' Einsamkeit. Es ist die Einsamkeit der Wüste, die Weisheit der Wüstenväter des 4. und 5. Jahrhunderts. Der Autor teilt uns ihre Einsicht und Spiritualität mit: Einsamkeit, Schweigen, Gebet. Dieser Weg führt in eine erfüllte Einsamkeit, die nicht Öde ist und Langeweile, sondern aus der der Geist kommt, der Leben schafft: ein Schmelzofen der Verwandlung" (Deutsche Tagespost).

6. Auflage. 96 Seiten, Paperback: ISBN 3-451-19427-9

In ihm das Leben finden
Einübungen

„Das Buch kann allen empfohlen werden, die nach mehr geistlichem Tiefgang in ihrem Leben suchen. Der moderne Mensch wird dort abgeholt, wo er steht. Es werden ihm keine billigen Rezepte angepriesen, sondern in zeitgemäßer, gut leserlicher Sprache wird ohne falsche Modernität gediegene geistliche Kost angeboten. Wer sich einläßt, sie zu verdauen, wird sicherlich großen Nutzen daraus ziehen" (Theologisch-praktische Quartalsschrift).
„Ein sehr anregendes Buch, das helfen kann, mitten in der Welt und mitten im Alltag Gott zu finden und zu bewahren" (Prediger und Katechet).

4. Auflage. 104 Seiten, Paperback. ISBN 3-451-19549-6

Verlag Herder Freiburg · Basel · Wien